KB056957

세력을 이기는
주식투자
치트키

주식 초보가 고수되는 주식 입문 기본서

박영수, 김홍열 지음

율도국

세력을 이기는 주식투자 치트키

초판 1쇄 2022년 12월 5일

초판 2쇄 2023년 6월 5일

지 은 이 박영수, 김홍열

발 행 인 김홍열

발 행 처 율도국

디 자 인 김예나

영   업 윤덕순

주   소 서울특별시 도봉구 시루봉로 286 (도봉동 3층)

출판등록 2008년 7월 31일

홈페이지 http://www.uldo.co.kr

이 메 일 uldokim1@naver.com

I S B N 9791187911999 (13320)

※ 이 책은 저작권법에 의하여 보호를 받는 저작물이므로 무단 전재와 복제를 금합니다.

차례

제1장. 세력을 파악하여 수익 내는 방법 17

제4장. 세력들은 어떻게 종목을 찾을까 139

제5장. 기업은 개인의 동반자인가, 적인가 211

제6장. 세력들도 보는 보조지표 포인트 246

추천사

주식시장에는 공짜점심이 없다.

그만큼 주식을 알아야 성공한다. 이를 위해서는 경제 전반에 대해 알아야 한다. 물론 주가는 귀신도 모르니 무슨 공부가 필요하냐는 반문도 있을 수 있다. 그렇다고 해서 내가 투자하는 주식이 어떤 주식인지도 모르고 무작정 투자할 수는 없다.

이 책은 주식 초보가 시장과 세력을 이기고 마침내 고수가 될 수 있도록 깊은 통찰력을 전해주고 있다. 외국인과 기관을 세력으로 정의하고 세력의 특성과 매매형태를 현실적이고 구체적으로 알려주어 주식 시작한 지 1~2년 정도 되는 독자에게 꼭 필요한 내용이다.

초보가 고수가 될 수 있도록 꼭 필요한 핵심적인 실전 내용을 100여개의 차트와 치트키라는 게임의 룰로 설명하여 단박에 방대한 주식의 기술과 지식을 이 한 권으로 해결할 수 있도록 해준다.

서학 개미, 동학 개미 등으로 지칭되는 일반 투자자들이 이 책을 통해 똑똑한 개미로 탄생하기를 기원해 본다. 이렇게 되면 우리 주식시장도 한 차례 도약할 수 있다.

한양대학교 경영대학 명예교수 / 이상빈

 추천사

　필수적으로 알아야 할 요소를 알기 쉽게 설명한 '세력을 이기는 주식투자 치트키'의 발간을 환영한다.

　이미 발생했거나 예측되는 사항을 투자자들에게 전달하기 위해, 기업의 IR팀, 재무팀, 회계법인, 금융기관 등이 애쓰고 있다. 하지만 아직도 기본적인 공시정보나 재무제표 확인 없이 무모한 투자로 인해 개인투자자가 큰 손실을 보는 경우가 많다. 이는 합리적인 투자에 동반된 리스크라기 보다 투기 손실에 가깝다.

　제도권 내 금융교육의 부족으로 인해 주식투자를 희망하는 일반 투자자들이 배우지 못하거나 놓친 주요 포인트에 대한 내용을 이 책을 통해 정리할 수 있고, 특히 시장에서 존재하는 '보이는 손'에 대한 실상을 상세하게 안내하는 내용은 숙지할 필요가 있다.

　감사보고서 읽는 법은 기초적이면서 꼭 필요한 내용을 깔끔하게 정리했다. '핵심감사사항', '강조사항'은 알아두어야할 중요한 내용이다.

　투자라는 망망대해에서 좋은 길잡이가 되어줄 책으로 일독을 권한다. 주식투자를 하는 모든 이라면 항상 옆에 두고 언제든지 펼쳐보는 바이블이 될 것이다.

딜로이트 안진회계법인 공인회계사 　김병타

추천사

한국예탁결제원에서도 증권시장과 관련된 모든 인프라를 제공하고 있고 평생을 이곳에서 보내고 있지만 막상 '주식투자를 해야 하나'라는 마음은 생소하다. 이유를 생각해 보니 나도 모르게 주입된 부정적 이미지 때문 아닌가 생각해 본다. 주식을 하면 패가망신 한다는 말은 주식을 도박처럼 하기 때문이다.

이 책은 주식에 대한 환상과 부정적 생각을 객관적인 시각으로 볼 수 있게 해주고 개인이 세력을 이기는 방법이 구체적이고 쉽게 설명되어 있으며 초보가 읽어도 자연스럽게 고수가 될 수 있도록 다양한 차트를 제시하며 안내하고 있다.

머지않은 은퇴를 앞두고 재정의 독립을 위해 더 이어가야 한다는 현실에 머리가 복잡할 때 이 책을 접하게 되었다.

페이지를 더할수록 머리가 시원해지는 느낌이었고 특히, 다른 책에서 쉽게 다루지 않았던 세력을 이기고 이용하기 위한 통찰력을 가질 수 있다는 컨셉이 인상적이다.

그동안 금융문맹의 불명예를 벗어나야 한다는 신념으로 투자자 금융교육에 힘써 왔던 저자의 염원이 녹아있는 책이며 전 국민이 이 책을 볼 수 있으면 좋겠다는 생각이 든다.

한국예탁결제원 본부장

프롤로그

주식을 제대로 알아야 좋은 투자자가 된다.

주식에서 크게 성공한 사람들을 많이 만나 보는데 이들에게 공통점이 있다.

"어떻게 해야 성공할 수 있습니까?"

"공자왈, 맹자왈...."

"아니 그거 말고 비법을 좀...."

"건너가라, 건너가라 그곳에 물이 있다."

하나같이 누구나 아는 말, 들어보면 그럴듯한 말만 한다. 그런데 마음에 확 와닿지 않는다. 뭔가 신통한 게 더 있을 것 같은데 손에 잡히는 것은 없다. 누군가 이와 같은 생각을 했다면 그 사람은 절대 주식으로 돈을 벌 수 없다. 수백억 들여서 워런 버핏과 점심을 먹더라도 돈만 낭비하는 것이다. 그에게는 과일이 익어야 할 시간이 필요한 사람이다.

사람들이 주식투자로 성공하지 못하는 이유가 있다.

먼저, 무모하기 때문이다. 사람들은 좋은 직업을 갖기 위해 18년을 투자하고 젊음을 바친다. 그런데 주식으로 성공한다면서 최소한의 공부는 하지 않고 추천, 정보에만 목메고 있다.

다음, 경험이 없다. 주식투자 하는 사람들은 경제적 자유를 한 방에 해결하려는 생각이 머리에 가득 차 있다. '어떻게 하면 성공할 수 있을까?' 밤잠을 설치며 고민하고 성공과 좌절, 공포를 수없이 겪어야 비로소 자유를 누릴 수 있는 것이 주식투자의 본질이다.

마지막으로, 성공하는 방법을 모른다. 주식에서 성공하는 것은 고수들의 지도와 편달과 방법론이 아니다. 스스로 경험하고 체득한 시간이 녹아든 체화된 성공 DNA가 내 몸에 새겨져야 한다. 그 길을 같이 가 줄 수 있는 좋은 선생이나 책을 만나면 필요한 시간이 반으로 단축되는 것뿐이다.

누구나 부자가 되어야 하는 이유는 명백하다.

행복하게 살아야 하고 노동과 시간을 남에게 빼앗기지 않고 자유롭게 누리며 살아야 하기 때문이다. 그 길은 쉽지 않다. 도전과 용기와 역경을 이기고 앞으로 나아갈 준비가 되어있어야 한다. 전문가를 믿는 대신 자신이 전문가가 되어야 한다.

투자란 무엇인가.

나만의 램프의 요정을 부르는 것이다. 가만히 있으면 램프가 있는지도 모르고 따라서 나의 것으로 돌아오는 것은 없다.

투자는 새로운 길에 들어서는 것이며, 지식과 명철로 정해진 나의 몫을 찾아가는 인생의 동반자다.

본 책은 초보에서 고수로 넘어가기 위해 꼭 알아야 할 키워드를 엄선하여 시장과 세력을 이기는 투자의 길을 안내하기 위해 썼다.

꼭 알아야 할 지식과 전략, 기법을 줄기로 하여 투자에 필요한 시장환경, 주체들의 움직임을 파악할 수 있는 눈을 가짐으로써 평생 주식투자의 길라잡이로 삼을 수 있도록 기술하였다.

2022년 12월
박영수

편집인의 말

8권의 책을 이 책 하나로 정리했다.

이 책의 컨셉은 명확하다. 영원한 약자인 개인이 강자를 상대로 수익을 낼 수 있는 방법을 컨셉으로 실었다. **이 책은 초보를 위한 주식입문책이기도 한데 기존 입문책과 차별점은 생기초를 넘어 더 깊이있고 이론뿐 아니라 실전 매매에 활용할 수 있도록 구체적인 기법과 팁이 많이 실려있다. 어설프게 초보를 떼고 한 단계 올라서려는 개인투자자에게 필요한 책이다.**

이 책은 주식투자 무조건 따라하기를 뛰어넘어 세력의 속성과 매매 형태를 분석하고 따라 하기, 반대로 하기, 세력에게 유리한 시장 돌파하기 등 여러 기법으로 차트를 제시하며 친절하게 주식투자의 방법을 알려준다.

어려운 단어는 쉽게 풀이하여 초보도 쉽게 접근이 가능하고 8권의 분량을 압축하여 한 권에 다 담았다. 시장 분석, 종목 발굴, 차트 분석 등 필수 내용을 핵심만 뽑아 '치트키'라는, 게임에서 한 방에 해결하는 기법으로 정리해준 것도 형식적인 특징이다.

지금까지 보지 못한 새로운 관점인 집단무의식으로 주식의 주체인 외국인과 개인을 분석한 것도 차별적이다. 특히 그리스신화와 성경으로 외국인을 분석한 것은 신선하다. 괴벨스의 선전기법을 연구하여 군중심리를 이기는 방법도 재미있고 기발하다.

30년 동안 직간접 경험이 녹아있는 두 저자의 이 책 한 권으로 초보자가 거쳐야할 통과의례나 시행착오를 줄일 수 있기를 바란다.

이 책을 꾸준히 개정하여 대한민국 주식책의 기본서, 교과서로 자리잡을 수 있도록 실질적이고 진실된 스테디셀러로 남는 목표를 세운다.

제 1장

세력을 파악하여
수익 내는 방법

"

시장을 이기는 방법은
세력을 알고 세력의 횡포에 당하지 않아야 한다.

세력의 입장에서 주식을 바라보면
새로운 투자 세계가 보인다.

"

세력의 종류와 속성을 알고 시작하자

세력을 여러 기준으로 나눌 수 있다. 작전 세력을 포함하여 시장이나 종목을 움직일 수 있는 힘을 가진 집단이 모두 해당 된다. 여기서는 주식시장을 흔드는 외국인, 기관을 세력으로 정의하고자 한다.

외국인들의 매매 특징 4가지

특징 1. 외국인은 환율에 아주 민감하다.

환율의 변동에 따라 움직이는 외국인의 특성상 환율은 중요한 지표가 된다. 일반적으로 환율이 낮을 때는 주식을 사야 하고 환율이 올라갈수록 주식을 팔아야 한다. 자세한 내용은 환율편에 실려있다

특징 2. 외국인은 대형주(큰거)를 좋아한다.

외국인이 대형주를 선호하는 이유는 다음과 같다.

첫째, 중소형주는 외국인이 분석하기 힘들고 변동성이 크다.

둘째, 불안전한 한국 시장에서 자산을 지키기 위해 예측이 비교적 쉬운 대형주를 주로 매매한다. 그러므로 아마추어 개미들은 외국인처럼 우량대형주를 70% 이상 보유해야 좋다. 설사 고점에서 물렸더라도 대형주는 사이클을 타기에 언젠가는 다시 그 가격이 온다.

그러나 시가총액이 작은 종목은 한 번 고점에서 물리면 절대 그 가격이 다시 오지 않는다. 작전세력들이 한 번 해 먹은 주식은 두 번 건들지 않는다. 그러므로 소형주에 물리면 반등할 때 손절하는 것이 답이다.

특징 3. 외국인은 미국 시장에 민감하며 성장주, 실적주를 주목한다.

수출기업이 많은 국내시장의 특성상 글로벌 시장, 특히 미국 시장의 흐름에 따라 외국인은 투자한다. 꾸준하게 성장하고 매출액이 증가하는 특급주가 시장이 안좋아 폭락할 때 외국인은 재빨리 주워간다. 실적이 안나오는 주식은 절대 사지 않는다. 결과가 뻔히 보이는 무모한 짓은 하지 않는다. **우량주가 실적 발표가 나고 바닥일 때 외국인은 산다.**

특징 4. 외국인은 신흥국에 장기투자를 하지 않는다.

외국인들은 한국과 같은 신흥국에 장기투자를 하지 않는다. 정세가 불안하고 변동성이 심한 시장에서는 장기투자 하지 않는 것이다. 짧게는 3일 오르면 3일 팔고 중기적으로는 1~2주, 길게는 1~2달 정도 끌고가서 수익을 내고 나온다. 그러나 연속성은 있어서 한 방향으로 어느 정도는 끌고나간다. 이런 점은 따라하면 좋다.

이런 외국인의 특징을 알고 이들을 따라하든지 피하거나 기습공격을 하면 된다. 정면 대결하면 안된다. 다윗이 골리앗을 이긴 비결은 돌팔매였다.

서양인의 집단 무의식을 알면 100전 100승

외국인의 성향을 분석하는 여러 가지 방법이 있지만 심리학자 융Carl Gustav Jung이 주창한 집단무의식을 활용해 보자.

집단 무의식이란 작게는 가족, 학교, 직장, 크게는 나라, 민족들이 자기도 모르게 본능적으로 같은 행동을 하는 행동양식이다.

서양인의 집단무의식을 알면 외국인의 매매패턴을 알 수 있고 이는 아주 소중한 비밀 하나를 알게 되는 것이다.

그리스신화와 성경에 주식의 모든 행태가 다 있다.

서양 문화는 그리스신화와 성경을 기반으로 이루어져 있다. 헬레니즘과 헤브라이즘을 대표하는 이 두 개의 텍스트를 이해하면 서양인의 심리는 모두 파악이 된다. 그리스신화와 성경에 많이 나타나는 장면은 살인, 폭력, 납치, 복수, 반칙, 집착, 배신, 강간, 속임수, 영웅심, 권력욕 등이다.

서양 문화는 남을 침략하고 정복하는 것이 바람직스러운 미덕이며 제우스가 변신술로 여러 여자를 속인 것처럼 속임수를 정당화한다.

펀더멘탈이 좋은 주식이 급락하면 좋은 기회다.

> **치트키 1**　　좋은 주식이 떨어질 때 기뻐하여 매수하라.

서양인은 주식을 남의 나라를 침략하듯이 과감하게 변화무쌍하게, 스펙타클하게 한다. 신흥국에 투자하는 것도 침략의 하나로 생각한다. 개미들의 돈을 노리고 쓸어가기 때문이다.

이들은 기회가 왔다고 판단하면 온 정성으로 종목을 고르고 전심을 다해 투자하여 끝까지 뼈를 발라 먹는 사냥꾼의 근성을 발휘한다.

펀더멘탈이 좋고 전망이 좋은 주식을 급락했다고 두려워 판다면, 다 잡아놓은 먹이를 한 점도 못 먹고 다른 사냥꾼에게 헌납하는 것과 같다.

외국인 투자자는 개인이 따라오도록 주가를 조금 끌어올리고 며칠 후 갑자기 패대기친다. 그럼 따라오던 개인은 정신 못 차리고 쓰러진다. 그러나 이것은 겁을 주기 위한 속임수이다. 개인이 버리는 물량을 다 받아먹고 그때서야 주가는 오르기 시작한다.

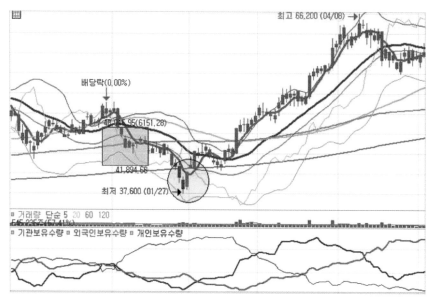

(그림 1-1) jyp ent. 일봉 차트와 주체별 보유수량

위 (그림) JYP ent. 차트에서 네모 주황색 박스를 보면 그 전에 서서히 올라오다가 전저점 부근까지 빠진 상황이다. 원인이 뭔가?

차트 하단에 주체별 보유수량을 보면 기관(갈색)과 외국인(빨간색)의 매도 폭탄 때문이다. 반면에 개인(파란색)의 보유량은 오히려 늘고 있다. 좋은 주식이고 저점이라고 생각하니까 개인들이 물량을 받아준 것이다.

연속 3일 음봉을 맞았으나 이 정도는 괜찮다고 생각했는데 한 번 더 급락하며 노란 원까지 폭락한다. 기관과 외국인은 팔고 개인 수량은 늘고 있다. 연속 4일 음봉을 만들며 240일선까지 깨고 내려간 것이다.

여기까지 오면 개인은 두 배의 공포와 더 이상 못 버티는 한계상황에 부딪힌다. 그러나 이것은 의도적인 하락이다. 거래량이 늘어나지 않은 것이 이를 증명한다. 더 싸게 사기위해 세력들이 일부러 가격을 내린 것이다.

노란 타원 부분에서 다행히 반등하며 올라가고 있다. 그러다가 초록색 60

일 선에서 걸리고 다시 내려간다. 올라갔다 내려갔다 어지러운 시소를 탄 개인들은 빨리 조금만 반등하면 빠져나가고 싶어 한다.

기관과 외국인은 개인의 심리를 파악하여 매수하면 이후부터 급반등한다. 반면에 개인은 상승함에도 불구하고 겁에 질려 털고 시장을 빠져나오는 모습이다.

선구자를 자처하는 자의 메시지(보고서)를 의심하라.

서양이 남의 나라를 침략할 때는 정신적인 지배를 위해 선교사를 가장 먼저 파견한다. 흥선대원군 때 일어난 병인양요는 프랑스 선교사의 침투를 막아낸 것이었고 이를 빌미로 프랑스가 침략한 사건이다.

2021년 8월 11일 세계적으로 영향력 있는 모건스탠리가 곧 반도체 불황이 올 거라고 하면서 삼성전자와 SK하이닉스 목표 주가를 낮추는 보고서를 발표했다. 그러자 외국인이 SK하이닉스를 대량으로 팔았고 SK하이닉스는 3일 만에 15%가 하락했다. 그리고 2달 만에 10%가 더 떨어졌다. 그러나 다시 3달 만에 50%가 상승했다. 여기서 개미들이 희생당했다.

짜고 치는 고스톱처럼 국내 시총 1, 2위가 이렇게 휘둘렸고 외국인들은 공개적으로 공격 명령을 하여 주가를 싸게 만들고 다시 싼 가격에 주워 수익을 챙겼다. 모건스탠리는 선두에 서서 주식의 선교사가 된 것이다.

외국계 증권사의 의견이 시장에서 통하는 이유는 해당 증권사의 글로벌 지점이 특정 보고서를 집중적으로 세일즈하여 전세계 모든 지점이 동일한 행동을 하기 때문이다.

이 때 개미의 전략은?

반대로 하는 것이다. 좋은 주식이 '**보고서로 인해**' 일시적으로 급락한다면 속임수이므로 서서히 매집하면 떨어진 것보다 더 올라간다.

주식은 도박성이 있으니 중독을 조심하라.

치트키 2 주식은 오르내리는 도박의 속성이 있기에 성공하려면 짜릿한 쾌감을 이겨내라.

주식은 서양에서 만들어진 발명품이기에 주식의 속성과 원리는 서양인의 무의식이 많이 녹아있다. 주식은 동양적 속성인 '생상(相生)'이 없고 내가 살기 위해 상대를 죽여야 한다. 이것을 고급스러운 단어로 '제로섬(zerosum)'이라고 포장한다. 주식시장은 참여하는 사람들이 많아야 원활하게 돌아가고 계속 주식을 하도록 하는 여러 가지 장치가 있다.

그중에 하나는 중독성이다.

'아편전쟁'은 영국이 중국에게 굴욕을 준 사건으로 아편이라는 중독성 강한 양귀비식물을 이용하여 큰 제국을 초토화시킨 것이다.

현대의 아편이라 할 수 있는 주식도 중독성이 강한데 도박판처럼 오르고 내리는 규칙이 바로 그중 하나이다. 예전에는 하루 등락 폭이 15%였는데 지금은 30%로 바뀌어 더 강한 중독성을 만들었다.

내 주식이 급등하는 것을 몇 번 겪으면 중독성에 빠진다. 상한가를 몇 번 맞다 보면 심장이 뛰며 흥분되지만 팔 기회를 놓치면 곧 하한가도 맞게 된다. 환호와 탄식을 몇 번 거치다 보면 정작 내 계좌는 남는 게 없다. 부자나 세력들은 변동성을 즐기지 않고 개미들을 중독에 빠뜨려 큰 수익을 얻는다. 그들은 냉철하고 침착하게 적은 수익이라도 안정적으로 운용한다.

기타 도박성으로는 파생상품과 대출인데 매일 계좌를 열어보게 만들고 망하기 전에는 떠나지 못하는 곳이 바로 주식시장이다.

중독성을 피하는 것만으로도 성공할 수 있다. 과감하게 자신을 일시적으로라도 주식시장과 거리두기를 할 줄도 알아야 한다.

기관투자자의 종류와 투자 성격

윈도우 드레싱으로 수익내는 방법

윈도우 드레싱

자산운용사나 펀드매니저들이 분기, 반기말이나 연말에 특정종목을 종가에 끌어올려 최종수익율을 높인다.

기관투자자들은 고객의 자금으로 운용하기에 일정한 기간별로 수익률 평가를 받는다. 월말, 분기말, 연말에 나타나는 <u>윈도우드레싱</u>도 수익율을 올리려는 자산운용자들이나 펀드매니져들이 쓰는 방법이다. 기관들이 매수한 종목중 수익율이 부진한 종목은 팔고 보합이나 조금 올라간 종목은 더 끌어올려 수익율을 높게 나오게 하는 것이다.

　개인들이 이것을 역이용하는 방법은?

　미리 기관이 많이 매수한 종목중 플러스인 종목을 더 사서 수익율을 극대화 시키고 최고점인 월말, 분기말, 년말에 파는 전략을 취할 수 있다.

연기금은 중장기 투자를 하므로 상승초기에 따라붙어라

• 연기금 중에서 국민연금이 90%를 차지한다. 그러다보니 국민연금이 국내 주식을 사야 코스피가 오른다. 국민연금은 국내 비중을 15~16% 정도 유지한다.

• 국민연금의 투자 목표는 장기간(5년 이상) 물가상승률보다는 조금 더 높은 수익을 얻는 것이다. 이처럼 안정적인 투자를 하고 있기에 국민연금이 사는 것을 따라 사면 안정적인 수익이 난다. <u>국민연금의 지분 5% 이상인 주식을 관심종목에 놓고 매매를 하고 지분이 더 늘어나는지 줄어드는지 살피며 투자하면 기관이라는 세력의 흐름을 알 수 있다.</u>

• 시장이 올라갈 때는 팔고 시장이 내려갈 때는 산다. 싸게 사려는 목표가

있기에 바닥에서 **상승 초반에 연기금이 계속 사는 종목은 따라 사도 좋**
다. 연기금이 많이 매집한 섹터를 분석하면 매수 이유가 보인다. 그 상황
이 사라질 때까지 보유하며 연기금과 동행하면 큰 수익이 난다.

은행, 보험 – 생명보험은 장기, 손해보험은 단기

- 생명보험은 장기투자를 하는데 사망 보험이 보험 지급 시기가 비교적 긴 시간이 필요하므로 가능하다.
- 손해보험은 언제 보험금이 나갈지 모르기에 장기투자를 하지 못한다.

투자신탁, 금융투자는 단타하니 같이 단타하라

- 증권사, 자산운용사 등이 고객의 자금으로 운용하기에 단기 수익률을 중요시한다. 펀드매니저는 기간별로 수익률을 점검하기에 길게 가지 못한다. 기관 중에 금융투자가 사서 주식을 올린다면 3~7일 넘기지 말고 매매하라.

사모펀드 – 단기 수익을 올리고 싶다면 이들을 따라하라

- 사모펀드는 공모펀드와 반대의 개념으로 소수의 투자자(100인 이하)를 비공개로 모집하여 개인끼리 계약하여 운용하는 펀드다.
- 수익률을 높여야 하기에 공격적이고 액티브하다. 낙폭이 큰 우량주를 저가에 매수하여 어느 정도 오르면 빠르게 매도한다. 단기수익율을 올리고 싶다면 사모펀드를 따라하면 된다.

기타 법인이 매수하면 곧 오른다

- 기업이 자사주를 매입하면 증권 HTS(홈트레이딩시스템)에서 기타 법인으로 표시된다. 그러므로 기타법인이 매수를 한다면 조만간 오를 것이다.

주식의 주인을 따라하는 매매법

기관이 올리는 종목과 때가 있고 외국인이 올리는 종목과 때가 있다

- 차트에서 〈주체별 보유수량〉의 그래프를 보면 주가와 연동되는 보유수량의 주체가 종목을 움직이는 주체이다. 물론 기관과 외국인이 동시에 매수하며 올리는 '쌍끌이'는 가장 좋다.
- 주체별 보유수량 차트를 보며 주가를 움직이는 주체를 따라 매매하면 안정적인 매매가 될 수 있다.

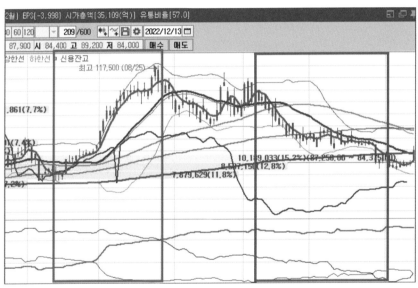

(그림 1-1-1) 현대미포조선. 일봉 차트(상)와 주체별 보유수량(하)

위 그림 하단 주체별 보유수량을 보면 빨간 사각형 부분에서 외국인(빨간선)이 올라가며 매수의 힘이 더 세서 기관(파란선)이 파는데도 불구하고 오르고 있다. 이 시기의 주인은 외국인이다.

파란 사각형의 하단 주체별 보유수량의 외국인(빨간선)은 수평이고 기관(파란선)이 내려가니 주가가 하락하고 있다. 이 시기의 주인은 기관이다. 이렇게 더 강한 세력의 힘을 따라 매매 하면 쉽게 돈 벌 수 있다.

② 환율을 알아야 외국인에게 안 당한다

외국인은 환율에 민감하다. 따라서 환율을 필수적으로 이해해야 하고 움직임에 따라 매매기법을 활용하면 세력을 이길 수 있다.

환율은 자국 통화와 외국 통화 간 교환 비율이다. 예를 들어 환율이 오르면 달러의 가치는 증가한 것이고 상대적으로 원화의 가치는 낮아진 것이다.

> **치트키 3** 환율이 오르면 주가는 내려가고 환율이 내리면 주가는 올라가니 환율과 반대로 투자하라.

환율과 주가의 관계는 반비례이다

환율이 오르면 국내에 투자한 외국인은 당혹스럽다. 주식을 매도한 자금을 달러로 교환하면 환율상승분만큼 손해를 보기 때문이다.

달러 가치가 더 상승하기 전에 주식을 팔고 국내 시장을 빠져나가면 주가는 더 내려간다. 만약, 달러의 상승 원인이 경제위기의 공포에 의한 것이면 주가는 당연히 더욱 위축된다.

미국의 급격한 금리 인상과 국지 전쟁 등으로 <u>기축통화</u>로서 안전자산인 달러의 수요증가로 달러 가치가 상승하고 주가가 하락한다.

기축통화基軸通貨, key currency
국제간의 결제나 금융거래의 기본이 되는 통화. 대표적으로 미국 달러가 해당한다.

(그림 1-2) 환율과 코스피 비교 차트

(그림1-2)는 2013년부터 2022년 6월까지 환율(아래)과 코스피 주가(위)의 년봉 비교 차트이다. 환율이 내려가면 코스피 주가가 오르고 환율이 올라가면 코스피 주가가 내려간다. 차트의 모양이 반비례하는 것이다.

10년 정도 보았을 때 환율의 상단은 1,400원, 하단은 1,000원을 기준으로 오르내리고 있다. 환율이 1,000원 가까이 가면 주식을 팔 때이고 환율이 1,400원 가까이 되면 주식을 살 때이다. 만약 글로벌 경제상황이 악화되어 1,400원 이상으로 치솟는다면 금상첨화다. 환율이 최고점을 지나 꺾이는 추세를 보일 때 주식은 확실한 저점이 되어 매수 적기가 된다.

환율 상승이 이익 증가로 연결되는 업종

환율이 상승하면 수출 여건이 좋아져 수출기업의 주가는 상승한다. 또 수출대금을 높아진 달러가격으로 받으니 가만히 앉아서 돈을 벌어 주가 상승

요인이 된다. 현대차, 기아같은 자동차 회사는 수출비중이 높으므로 환차익에서 큰 수익이 발생한다. 기타 하드웨어, 통신, 음식료, 등 수출을 많이 하는 회사들은 유리하다.

환율 상승이 악재가 되는 업종과 종목

전 세계 부채의 20%가 달러 기반이다. 환율이 높아지면 달러로 부채를 진 기업은 원리금 상환 부담이 커지게 되므로 주가에 위협이 된다. 대한항공 등 항공사는 비싸게 유류를 사야하므로 불리하다. 또 LG에너지솔루션, SK이노베이션, 포스코홀딩스, 삼성물산 등 외화차입이 큰 기업은 부담이 더 커진다.

그럼 환율이 하락하면 석유 관련 회사에 투자하고 환율이 상승하면 수출기업에 100% 투자해야 하나? 대체로 맞지만 예외도 있다. 환율상승은 수출증가 요인이므로 실적이 개선되지만 반대로 기업의 부채부담이 커지므로 재무구조에 나쁜 영향을 미칠 수 있다는 점도 고려해야 한다.

환율을 투자에 어떻게 활용하나?

환율은 경상수지와 밀접한 관련이 있다.

환율이 내려갈 것을 어떻게 예상하고 어떤 신호를 봐야 하는가?

경상수지 흑자가 예상되면 외국인 자금이 들어오고 환율이 내려간다. 또한 원자재 가격과 원유가격이 내려가면 외국인이 국내 주식을 사고 환율이 내려간다.

그러므로 환율의 움직임을 보려면 경상수지 동향을 살펴보고 원자재 가격의 추이를 지켜보면 된다. 환율은 짧게는 1년, 길게는 3년 주기로 저점과 고점을 찍으니 이 주기로 투자기간을 잡으면 큰 수익이 난다. 너무 성급하게 판단하지 말고 여유있는 시선으로 판단해도 고점과 저점을 알 수 있다.

차트만으로도 환율의 변곡점을 알 수 있는데 추세가 확실히 꺾였을 때 투자해도 늦지 않다.

정부가 환율상승을 방어하는 방법은?

만약 정부 당국에서 다음과 같은 조치를 취하면 환율이 올라가는 것을 방어하려는 방법이기에 하나의 신고로 생각하면 된다.

1) 중앙은행의 기준금리 인상.

한국에서 금리를 인상하면 높은 금리를 보고 한국으로 돈이 들어옴에 따라 통화가치가 올라가게 된다. 원화 강세 = 환율 하락 = 달러 약세가 된다.

반대로 미국에서 금리를 인상하면 상대적으로 낮은 금리인 국내에서 높은 금리를 찾아 달러가 빠져나간다. 달러 강세 = 환율 상승 = 원화 약세가 된다.

결국 미국의 금리가 한국의 금리보다 높으면 약세를 면하지 못한다.

2) 보유 중인 달러를 시중에 판다.

자국 통화가치의 추가 하락을 막기 위해 외환시장에 개입하게 된다. 달러를 팔면 시중에 달러가 넘치게 되면서 가치가 하락한다.

달러 약세 = 환율 하락 = 원화 강세가 된다.

달러는 안전자산이므로 경제위기나 전쟁 등이 발생하면 달러에 대한 수요가 증가하고 달러가 강세가 되며 환율은 올라간다.

③ 외국인이 사면 오르고 팔면 내리는데 개인의 전략은?

외국인이 가격을 마음대로 조정할 때 따라 하기

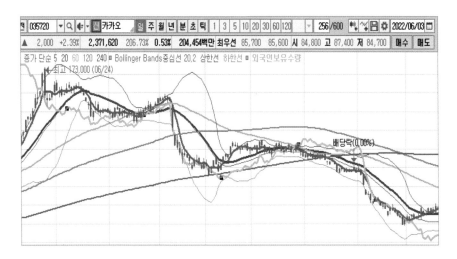

(그림 1-3) 카카오 일봉 차트

외국인은 국내 시가총액의 30% 정도를 차지하지만 한국 주식시장의 흐름을 휘어잡고 흔드는 강력한 집단이다.

위 (그림)에서 굵은 하늘색 선이 외국인 보유 비중을 나타낸 것이다. 보유비중과 주가가 연동되어 움직인다. 빨간색 5일 이동평균선 주가 흐름이 거의 외국인 보유 비중(하늘색)과 비례하여 움직이고 있다.

외국인은 철저하게 글로벌경제와 투자국의 환경, 개별 기업분석을 토대로 투자를 한다. 정보력과 자금력과 매매기법이 뛰어나기 때문에 어렵지 않게 주가를 마음먹은 대로 조정할 수 있다.

외국인들은 주로 가격을 올리면서 산다. 비싼 가격에 사도 주도권을 쥐고 있기에 더 비싼 가격에 팔 수 있다.

삼성전자도 서프라이즈 실적과 모맨텀을 자랑했지만 10만 전자는커녕 5만 전자로 추락할 위험도 있었다. 그 이유는 강력 매수 주체인 외국인이 사지 않았기 때문이다. 전문가들은, 주가가 올라가지 못하는 여러 이유를 대지만 빌미를 찾아 붙이는 것이고 결국은 외국인이 빠르게 올릴 수 있는 다른 주식을 사느라 시가총액이 큰 삼성전자가 선택받지 못한 것 뿐이다.

외국인은 언론 장악, 리포트 제공 등 막강한 무기를 가지고 주식의 가격 결정권이 크다 보니 주가 상승을 이끈다. 그러므로 외국인의 투자 패턴만을 따라 하는 투자기법을 사용하면 효과가 있다.

치트키 4	외국인 매수 종목은 첫 양봉에서 매수하라.

미래에셋증권에 따르면 10년 동안 외국인 순매수 비율이 높은 상위 20% 종목의 연평균 상승률은 60.6%에 달했다.

반면, 한 달 뒤 따라서 사는 투자를 한 경우 연평균 수익률이 1.6%에 그쳤다. 여기서 배울 점은 한 달 뒤에 따라 사는 것은 이미 늦은 것이니 바로 따라 사거나 장기적 안목으로 사야하는 것이다.

종목별로 외국인의 수급(매수)이 강하게 들어오는 경우, 주가 상승의 모멘텀으로 직용할 수 있다.

구체적인 매매기법을 말하면, 외국인이 사는 첫 장대 양봉에 같이 따라 사면 수익을 낼 수 있다.

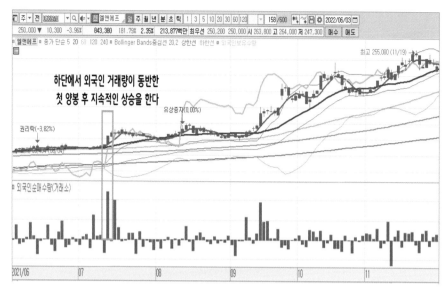

(그림 1-4) 엘앤에프 일봉차트

위 차트 엘앤에프의 주황색 박스를 보면 하단에서 첫 양봉이 나오는데 이 물량은 외국인이 매수한 것이다. 이후에 주가는 지속적으로 상승하고 있다.

외국인 따라 하기 기법은 대체로 스윙매매를 하는 것이 좋다.

스윙 매매란 하루 이틀 주기인 단타도 아니고 1년 이상 장기도 아니고 1~2달 정도 기간에 매매하는 기법이다. 외국인은 5~15% 정도 올라가면 단기 수익 실현을 하기에 여기에 맞추어 따라 하면 된다.

외국인이 매도하는 종목은 사지 않는 것이 좋지만 그래도 꼭 사고싶다면 매수할 때는 기관이 사는지 보고 판단해야 한다.

외국인이 올리는 종목이 있고 기관이 주체가 되어 올리는 종목이 있기에 이를 판단하여 매수하는 것이다.

외국인이나 기관 아무도 사지 않고 개인만 사는 종목은 피하는 것이 좋다.

(4) 세력에게 당하지 않고 역이용하는 비결

세력의 사다리 걷어차기에 당하지 않는 방법

세력들은 사다리를 타고 어느 정도 올라간 후, 개인들이 못 오르도록 사다리를 걷어찬다. 국제 사회에서도 선진국이 보호무역주의로 자국을 보호하다 후발 국가들이 성장하면 자유무역주의로 바꾸어 자국이 유리하게 만드는 사례와 같다.

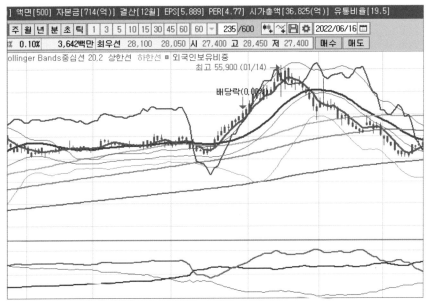

(그림 1-5) 메리츠 금융 일봉 차트

(그림1-5) 일봉차트에서 굴곡이 심한 파란선은 외국인의 주식 보유 비중이다. 가운데 칸을 보면 외국인 보유물량(하단 빨간선)이 눈에 띄게 줄어들

면서 일봉차트가 밑으로 살짝 빠진다.

그 후 다시 외국인이 사들이면서 주가가 상승하고 있다.

차트 하단은 주체별 주식 보유비중인데 외국인(빨간), 기관(갈색), 개인(파란색)이다. 개인(파란색)은 중간부터 보유 비중이 대폭 줄어들고 지속적으로 줄어들고 있다.

여기서 세력들의 패턴을 읽을 수 있다. 세력들은 횡보하는 주식을 이유 없이 팔면서 개미들을 공포심에 팔도록 유도한다. 본격적인 상승 전에 살짝 내리는 척하다가 갑자기 상승을 이끈다.

이 속임수법은 세력들이 개인들을 털어내는 전형적인 수법이다. 주식 물량이 부족하니 가격을 흔들어 겁주어 개인의 물량을 뺏고 올라가는 것이다.

이 주식에 매집자가 있다는 증거는 일정한 이평선에서 가격대를 지켜주는 것이다. 반대로 60일 이평선(노란색)을 깨고 더 깊이 내려간다면 매집자가 없는 것이다.

주가는 음양봉이 짧아지면서 매수, 매도 힘의 균형이 이루어진다. 이때 기관은 팔지 않는다면 역시 팔지 말고 기다려라. 오히려 기관이 산다면 오를 것으로 예상하라.

'트로이 목마'에 숨은 세력 찾는 법

그리스신화에서 거대한 목마에 몰래 숨어서 트로이에 침입하여 전쟁을 승리로 끝낸 이야기는 너무 유명하다.

세력들은 트로이 목마에 숨은 병사들처럼 몰래 숨어서 매집하는데 그것을 찾아내는 방법이 있다.

1) 거래량 없이 내려가는 주식은 손절하지 말고 기다려라

　세력은 개인들이 계속 매수하면 같이 가기 싫어 의도적으로 악재를 퍼뜨려서 주가를 목표 가격대까지 하락시킨다. 이들은 사자처럼 혼자 독식하기를 좋아한다. 그러므로 거래량 없이 내려가는 주식은 트로이 목마에 숨은 주식으로 세력이 개미들을 털어내는 구간이므로 버텨야 한다. 매집한 물량을 팔지 않았기 때문에 언젠가는 다시 값을 올린다. 바닥을 다지면서 거래량이 증가하면 조만간 상승을 예상할 수 있다.

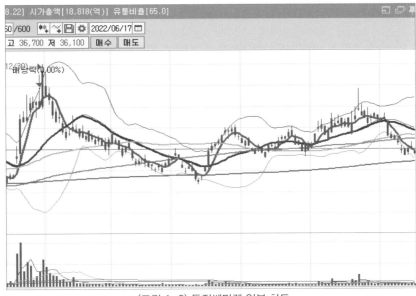

(그림 1-6) 동진쎄미켐 일봉 차트

　위 (그림)은 한 번 큰 폭으로 올랐다가 절반까지 떨어지는 20일 이평선(파란색)까지는 거래량이 실려있다. 고점에서 물린 사람, 불안한 사람들이 팔았다는 증거다. 이후 다시 상승 출발지점까지 내려올 때는 거래량이 거의 없다. 사는 사람이 적기 때문에 조금만 팔아도 내려가고 있다.

60일 이평선(노란색)까지 내려올 때까지만 해도 설마설마 하지만 120일 이평선(초록색)까지 내려오면 일부는 '이제는 더 내려오지 않겠지' 하며 기다린다. 그러나 급기야 240일선(회색)을 깨고 내려오는 순간 개인들은 거의 떨어져 나간다.

차트 아래쪽 거래량을 보면 240일선(회색)을 깨고 내려오는 날 거래량이 전날보다 2배로 늘었다. 이평선을 기준으로 매매하는 개인을 속인 것이다.

그러나 다음날부터 주가는 바로 돌아서 다시 오르기 시작한다.

거래량이 거의 없이 내려오는 것은 인위적인 하락이라는 것을 아는 사람은 끝까지 버텨 상승을 즐길 수 있다.

2) 세력은 가격을 올리면서 산다.

개미들은 주가가 내려갈 때 사는데 세력들은 주가를 올리면서 산다. 이것을 다르게 말하면 이렇다.

> **치트키 5**
>
> 세력은 더 싸게 사기 위해 가격을 내리면서 판다. 그러다 매집하면서 가격을 올리면 개인은 두렵다고 팔지 말고 끝까지 가라.

주가가 10% 정도 떨어지면 개인들은 추매하거나 싸다고 생각하고 신규로 매수한다. 그러나 계속해서 20%, 30% 떨어지면 공포심에 눌려 버티지 못하고 판다. 신용물량(대출)이 청산되는 개인들이 많아지면 그때부터 세력은 거침없이 사기 시작한다.

이것을 다른 말로 '불타기 기법'이라 한다. '잡초는 뽑고 꽃은 심는다'고 한다. 그러나 개미들은 이와는 반대로 물타기만 한다. 떨어지는 것을 더 사

지만 계속 떨어진다.

세력들은 개미들의 습성을 알기에 가격을 올리면 개미들은 무서워 더 사지 못하고 이 후 주가는 날아간다.

위 동진쎄미켐 차트에서도 이런 모습이 잘 나타나 있다.

3) 내려갈 때는 지루하게 만들고 오를 때는 순식간에 오른다.

내려가는 것은 1년이 걸리지만 올라가는 것은 불과 1~2달 만에 1년동안 내려온 것만큼 올라갈 때가 있다.

주가가 1년 가까이 긴 시간을 하락하다가 바닥권에서 서서히 상승하기 시작하면 오랫동안 고생한 악몽을 빨리 벗어나려고 본전이 오면 팔려고 생각한다. 오래 고생하면 누구나 이런 생각을 한다.

어떤 사람은 또다시 떨어질까 두려워 본전이 오기도 전에 손해라도 팔아 버린다.

그러나 주가는 바로 상승하지 않고 툭툭 튀다가 애만 태우다가 다시 제자리로 돌아간다. 손해 보고 판 사람들은 그걸 위안으로 삼는다. 마지막 참은 개인들도 실망감이 배가 되면서 떨어져 나간다. 하지만 더이상 하락하지는 않는다. 이것이 매수 신호 포착이다. 2022년 롯데지주와 현대에너지솔루션이 여기에 해당한다.

미래를 긍정적으로 좋게 보는 세력이 계속 매집하면서 거래량을 동반한 급등을 만든다. 긴 하락 후 반등할 때 일시적 조정이 오더라도 팔지 말고 기다려야 하는 이유다.

개미들은 고급정보를 알 수 없기에 차트에 나타난 세력들의 움직임으로 정보를 눈치채야 한다. 차트에 답이 있다.

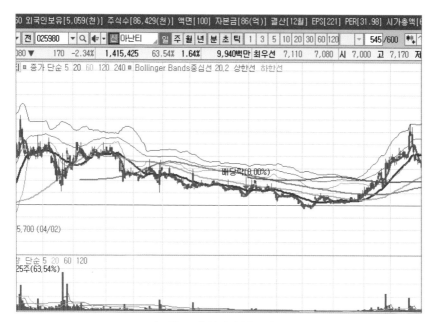

(그림 1-7) 아난티 일봉 차트

(그림1-7)은 11개월 동안 지루하게 하락하고 있다. 매일매일 차트를 열어보며 이제나 오를까 기다리다 지쳐 다 털고 나가면 2개월 만에 전고점까지 단숨에 올려버린다.

1년이라는 기간은 사실 긴 기간이다. 산모가 임신해서 출산하는 기간보다 긴 기간이며 학생들은 한 학년을 이수하는 기간이다.

1년 동안 계속 내려가는 주식을 보는 것은 너무나 큰 고통일 것이다. 그러나 우리는 인내력이 강한 곰의 후손이다.

주식은 때를 사는 것이다. 아무리 좋은 주식을 들고 있었라도 언제 사느냐에 따라 희비가 엇갈린다. 지루하게 기다린 주식이 조금 오른다고 금방 팔지 말라. 전고점까지 갈 모멘텀이 나왔다면 등락이 있더라도 1~2개월 정도는 끌고가라.

⑤ 세력들은 흔들리는 심리를 어떻게 이겨낼까

세력은 기계적인 프로그램으로 이긴다

> **치트키 6**
>
> 세력은 손실 회피 본능을 프로그램으로 이긴다.
> 개인은 3대 심리지수를 활용하라.

투자자를 움직이는 대표적인 심리가 **손실 회피 본능**이다.

손실 회피 본능이란 같은 정도의 이익으로 얻은 기쁨보다 손실로 인한 괴로움을 더 크게 느끼는 심리다.

예를 들어 10만 원을 잃었을 때 느끼는 손실감은 10만 원을 주웠을 때 느끼는 쾌감보다 4배는 더 강력하다고 한다.

손실 회피 본능은 원시 시대 때부터 생존을 위해 유전자로 남아있는 본능이기에 인간이 이겨내기는 정말 힘들다.

"손실 났을 때 계좌를 쳐다보지 말라." 이 말은 누구나 할 수 있는 무책임한 말이니 접어두고 다음과 같은 방법을 제시한다.

세력들도 인간에게 손실 회피 본능이 있다는 것을 알고 있고 이것을 이겨내려 한다. 세력들이 손실 회피 본능을 이겨내는 방법은 프로그램에 맡기는 것이다.

그러나 개인은 그런 프로그램을 만들기는 어려우므로 이와 비슷한 지수를 활용하면 된다.

3대 심리지수를 활용한다

치트키 7

머리로 이해가 가는데 행동으로 옮기기 힘들면 지수에 맞춰 기계적 매매를 하라. 수익률은 올라갈 것이다.

① 빅스지수 VIX (Volatility Index)

VIX 지수란 주식시장 참여자들의 불안심리를 수치로 나타낸 것이다. S&P500 선물옵션 지수 매수 호가와 매도 호가의 중간 가격을 기준으로 산출된다.

시장이 과열되면 VIX 지수는 20 이하로 떨어지고, 공포에 질려 시장 심리가 나빠지면 VIX 지수는 커지게 된다.

보통 VIX 지수와 주가는 반대로 움직인다.

그러므로 기계적으로 VIX지수가 높으면 사고 낮으면 팔면 된다. 너무 쉽다. 지수가 가이드를 해주며 정확히 가르쳐 주는데 안하는 이유는 인간의 탐욕 때문이니 지수가 알려주는대로 하면 된다.

2008년 리먼브라더스 파산 때는 90 정도, 2020년 코로나 위기 때 60을 넘겼다.

VIX지수는 Google 포털에서 'VIX'라고 치면 바로 볼 수 있다.

1일, 5일, 1개월, 6개월 등 매매 주기를 설정하면 그 기간에 해당한 그래프가 나온다.

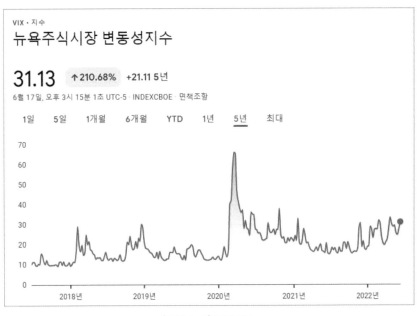

(그림 1-8) VIX 지수

위 (그림)에서 현재(오른쪽 빨간점), 31인데 절대적인 수치는 높지 않은데 주식은 고점에서 20% 떨어진 상태이다. 5년 내 최고점인 코로나 시기에 비하면 낮은 수치지만 1년 기간으로 보면 높은 수치이다.

보통 이 시기에 신문에는 '공포'라는 단어가 많이 보이는데 서서히 분할 매수했다가 지지받고 다시 올라가면 매도하는 전략을 사용할 수 있다.

② 공포 탐욕 지수(Fear & Greed Index)

CNN이 만든 지표로 변동성 지수(VIX 지수)에 정크본드 수요 등 6개 지표를 추가하여 만들었다.

'CNN.COM' 사이트에서 확인할 수 있고 구글 사이트에 아래의 주소를 치면 된다.

https://edition.cnn.com/markets/fear-and-greed

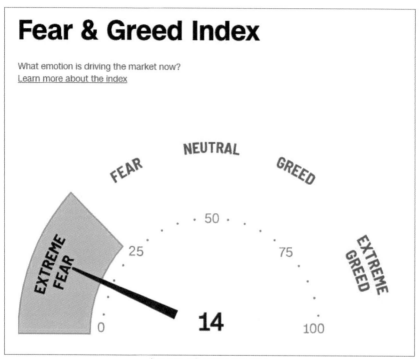

(그림 1-9) 공포 탐욕 지수

위 (그림)은 자이언트 스텝의 금리 인상과 물가 불안으로 극심한 공포 속에서 주가가 30% 이상 폭락할 때의 지수를 나타낸다.

화살표가 '극단 공포'의 수치를 가리키고 있다.

위 VIX 지수에서는 약간 올라갔는데 이번 공포 탐욕 지수에서 '공포'라는 글자가 보이니 이때가 저점 매수 시점이 된다.

③ 투자심리도

개별 종목 투자심리를 보는 데 사용한다.

최근 일정한 기간(10일~12일) 상승한 일수와 하락한 일수의 비율이다. 10일 중 6일 상승했다면 투자심리도는 60%이다.

보통 투자심리도가 80% 이상이면 과열로 보고 매도, 20% 이하면 침체로 판단하여 매수 시점으로 판단한다.

이 지표를 사용할 때 주의할 점은 현재 침체일지라도 앞으로 더 침체가 될 수 있으니 시장 하락기에는 처음으로 침체로 나왔을 때 매수하지 말고 2~3번 나왔을 때 나누어서 매수하는 것이 좋다.

네이버증권 개별 종목차트에서 보조지표 〉 '투자심리'를 선택하면 된다.

괴벨스를 연구하여 군중심리를 이긴다

세력들은 마치 괴벨스를 연구라도 한 것처럼 대중을 선동하고 휘두른다.

괴벨스는 나치 정권에 앞장서서 '선전 및 선동의 제왕'이라고 평가되는 인물이다. 괴벨스가 만든 몇 가지 어록을 통해 심리를 조작하는 방법을 알아보자.

어록 1. 공포는 사람을 겸손하고 순종하게 만든다.

'금융위기, 경제위기, 주가폭락, 대폭락, 검은 월요일, 퍼팩트스톰, 복합불황, 자이언트스텝, 메가스텝, 테이퍼링, S공포, R공포, 경기위축, 물가폭등' 등 이런 용어는 언론에서 역사적 반복적으로 오르내리는 단골 메뉴다. 이들의 공통점은 공포다.

언론은 경제가 불안하고 주가가 떨어지면 왜 '검은 월요일', '시가총액 100억 증발'과 같은 과격한 표현을 써서 공포심을 조성할까?

'지금은 주식을 사야 할 기회'라고 명백한 진실을 쓰지 않을까?

(그림 1-10) 코스피 폭락일 신문 기사

언론은 주로 개인보다 세력과 더 친하다. 언론들은 기업에서 주는 광고로 유지되는 시스템이다. 그래서 기업에서 나오는 보도자료, 홍보팀과 긴밀하게 교류하며 그들의 이익과 관련된 정보를 싣는 것은 당연한 사실이다. 기업의 대주주는 주가가 싸졌을 때 기회로 알고 주식을 조용히 산다.

> **치트키 8**　'공포'라고 써 있으면 '기회'라고 읽어라.

세력은 언론과 연합하여 공포심을 부추기고 개인이 손절하고 나가기만을 기다리는 것이다.

공포는 항상 손바꿈의 방아쇠가 된다. 대중은 공포 앞에서 고양이 앞의 쥐가 된다. 그 많던 패기와 확신을 헌신짝처럼 버리게 하는 놀라운 무기가 된다.

과장된 헤드라인 앞에서 겁먹지 말고 '또 공포 분위기를 조성하는구나' 이렇게 생각하고 코웃음 쳐야 한다.

어록 2. 대중은 작은 거짓말보다 큰 거짓말을 믿는다.

대중들이 큰 거짓말을 들으면 본능적으로 '설마 저런 큰일이 거짓말일 수 있겠어?'라는 생각을 하게 된다. 그러므로 뻔히 거짓말이라는 것을 짐작하면서도 '큰 거짓말'은 통한다.

푸틴은 우크라이나 전쟁의 명목을 '나치주의 괴멸', '서방세계의 동진 저지', '자국민 해방' 등을 외치지만 실제로 '미국 패권에 대항한 구소련 구축'이라는 영토확장 야욕이다.

때로는 상대가 거짓말을 했다는 증거가 확인되어도 대중들은 그것을 거짓으로 믿기를 망설이며, 오히려 거짓이라고 생각하는 자신을 의심하기도 한다. 사이비 종교에 빠지는 심리와 같은 것이다. 주식이라는 종교의 광신도가 되지 않으려면 남을 믿지말고 자기 자신을 믿어야 한다.

미국 투자은행들이 주가 전망을 빌미로 목표 주가를 낮추는 방법으로 공포를 심어준다. 그리스 신화의 제우스가 고니나 암소로 변신하여 여자들을 속인 것처럼 공신력을 이용해 전망이라는 이름으로 속여 주가를 움직이려는 의도이다.

실제로 테이퍼링(돈풀기 축소) 시점에 맞추어 자금이 미국으로 유입되어야 하는 상황에서 이런 수법으로 자금을 뺀 것이라는 설이 있다. 지나고 보면 거짓말이라는 것을 알게 되지만 당시에는 공포감을 조성하여 이에 따르도록 한 것이다.

어록 3. 대중은 지배해 줄 강력한 리더를 기다리고 있다.

정보가 없는 개미들은 누구를 믿어야 할지 어려워한다. 그때 강한 자신감으로 이끌어 줄 사람이 나타난다면 그를 믿고 따른다. 독재정권이 유지되는 원리와 비슷하다.

보고서라는 이름으로 정보를 주는 증권사, 예측을 남발하지만 책임지지 않는 전문가, 너무 많은 종목 추천으로 소음으로 변해버린 증권방송들이 이런 심리를 이용해 활황을 맞고 있다.

혼자 판단이 어려울 때 전문가를 선정하는 방법을 소개하겠다.

내가 공감하는 4~5명의 전문가가 추천하는 종목을 조심 사서 결과를 검증해 본다. 그 중 가장 확률이 높은 전문가 2~3명으로 좁혀서 그의 의견을 참조하여 투자하면 된다. 절대 한 명만의 의견을 100% 따르지 마라. 몇 명의 의견을 종합하여 스스로 판단하라.

그 기간은 3~6개월 정도 잡으면 된다. 어떤 전문가의 의견은 바로 나타나지 않고 6개월 정도 지나서 맞는 전문가도 있기에 기간을 여유있게 잡으면 좋다.

오를 때 쾌감을 느끼지 않아야 한다

주가가 조금만 올라도 가슴이 뛰는 쾌감을 누구나 경험한다.

필자도 한때 그런 적이 있었다. 9시 장 열자마자 조마조마한 마음으로 주식창을 열었는데 아침부터 오르면 기분이 날아간다.

이런 기분을 자주 느끼다보면 중독된다. 마치 도박할 때와 같은 기분으로 주식을 하게 되는 것이다. 가슴이 뛰는 것은 도파민이 나와 도박할 때와 같은 심리인 것이다. 주식은 이런 사람들 때문에 유지되고 정작 큰 돈은 안정적으로 시장을 쥐락펴락 마음대로 움직이는 세력들이 번다.

'가슴 뛰는 일을 하라'는 명언이 있지만 주식에서만큼은 가슴이 자주 뛰고 흥분하면 안 된다.

세력들은 알고 있다. 개인들은 주식에서 가슴이 뛰면 흥분하여 매수를 누르려다가 매도를 누르게 되고 0 하나를 더 치기도 하고 실수 연발이라는 것을. 이렇게 흥분하면 이성을 잃고 감정 위주로 매매를 하게 된다는 것을.

하루하루 긴장과 초조함으로 오르내림의 반복 속에서 매매를 하다보니 건강도 잃고 수수료만 나가고 수익이 발생하지 않는다.

세력들은 주식이 조금 올라도 담담하다. 매일 하는 업무이기 때문에 주식이 오르고 내리는 일은 당연한 것이다. 그런데 개인은 주식이 조금 오르면 파친고를 하듯 흥분하는 투기꾼이 된다.

세력들은 알고 있다. 주식시장은 그런 사람들 때문에 유지되는 모순덩어리 시장이라는 것을.

세력들은 자기만의 투자원칙과 목표가 있다

무소의 뿔처럼 혼자서 가라. (숫타니파타 불교 경전)

개인은 어제 한 행동을 오늘 후회하게 되는 경우가 많다.

어제 시장이 급등하길래 더 오를 것 같아서 주식을 샀는데 오늘 계속 떨어진다. '어제 괜히 샀나', '떨어지는 오늘 살걸', '내일 더 떨어질지 모르니

오늘 팔아버릴까?'

그렇게 팔고 나니 내일 다시 오른다. 또 후회한다. '어제 괜히 팔았네' 이렇게 이리저리 흔들리며 반복하다 보니 원금이 남아있지 않게 된다.

반면에 기관에서 최선봉에 선 펀드매니저들의 목표는 분명하다. 그들의 목표는 시장의 지수를 이기는 것이다.

그 목표를 이루기 위해, 미래 전망이 좋은 회사를 발굴하기 위해 직접 탐방도 다니고 언론과도 친하게 지낸다.

그러나 목표를 한 번 정하면 놓치지 않는 표범과 같이 하는 것은 개인도 할 수 있다. 궁극의 목표는 어떤 상황이라도 **'자기가 결정한 투자원칙을 고수한다'**는 철칙을 지키는 것이다.

단타를 하기로 했으면 수익이 적더라도 목표 수익에 도달하면 과감하게 팔고 뒤돌아보지 않는다. 손절 범위를 정하면 미련을 갖지 말고 손해가 되어도 매도한다.

중장기 투자를 목표했다면 종목의 환경이 변하지 않는 한 시장 변동이나 뉴스에 흔들리지 말고 처음에 가졌던 신념을 고수한다.

그 확신을 과실로 얻기 위해 소액으로 연습하라.

> **치트키 9**　사랑과 주식은 학교에서 가르쳐 주지 않는다.
> 그러므로 소액의 수업료를 내고 연습하라.

가격변동 리스크를 견디는 배짱이 필요한데 현실적으로 이런 믿음과 확신은 어떻게 키우는가.

실수를 통해 배운 경험은 어떤 교과서나 이론보다 가치가 있다.

이상하다. 학교에서는 사회에서 필요한 현실적인 지식이나 기술은 가르쳐 주지 않는다. 이것도 어쩌면 지배층(세력)들의 전략일지 모른다. 현실에서 필요한 것은 가르치지 않아 기존 체제를 그대로 유지하고 싶은 것이다.

만약 학교에서 주식을 깊이 있게 가르친다면 주식 천재들이 너무 많이 나와 기존의 전문가들을 능가하여 그들이 설 자리가 없어질 것이다. 또한 실력 있는 개미 군단들이 대거 등장하여 기관과 외국인을 이기는 현상이 벌어져 주식시장의 판도가 뒤집어질 것이다.

세력(기득권자)들은 그런 것을 바라지 않는다. 그래서 학교에서는 현실에서 바로 쓰기 어렵거나 평생 쓰지 않는 비실용적인 학문을 가르친다.

세력(기득권자)들은 대중들이 현실문제에 관심 갖지 않기를 바란다. 그래서 게임산업을 육성하여 환타지 속에서만 살기를 바라는 것이다.

주식은 사랑과 같다. 사랑은 이론대로 되지 않는다. 변수들이 많아 실연을 당하고 실수를 통해 점점 더 발전한다. 학교에서 가르쳐 주지 않아 졸업 후 독학으로 해야 하는 주식도 마찬가지다. 실수를 통해 배울 수밖에 없는데 처음부터 너무 많은 돈을 지불하면 다음에 배울 기회가 없어진다.

연습을 하기 위해 부담 없는 소액으로 여러 주식을 사서 실전 감각을 익히자. 주식을 사지 않고는 연습을 할 수 없다. 소액이라도 내가 주식을 가지고 있으면 관심 있게 보게 되고 연습이 가능하다.

전체 투자금의 10~20% 정도만 가지고 6개월에서 1년간 연습을 해보는 것이다. 그러면 어느 정도 눈이 뜨이고 감이 잡힌다. 여기서 주의할 것은 투자금이 점점 늘어나는 것을 억제해야 한다. 정한 기간동안 정해진 금액으로만 연습을 하는 것이 중요하다.

처음부터 주식으로 큰돈을 버는 것은 법학보다 어렵고 의학보다 어렵다.

⑥ 증권사 보고서는 독이 있는 꽃이다

증권사 보고서는 기업의 홍보지인가

증권사 보고서는 애널리스트들이 작성한다.

증권사 보고서는 공정하고 사실에 기반한 내용이어야 한다. 그러나 현실은 다르다. 정보를 기업에서 얻기 때문에 기업의 눈치를 본다. 분석 대상 기업이 영업 대상이기도 하므로 직설적인 표현으로 불편한 관계가 되길 꺼린다. 그래서 증권사는 기업편이지 절대 개인편에 설 수 없다.

증권사 보고서는 개미들을 유혹하여 이익을 취하는 것인지 항상 경계해야한다. **매도를 준비하는 자들과 수수료를 챙기는 증권사와 증권 브로커가 작성한 것**이라는 냉정한 시각을 가져야 한다. '증권사 애널리스트들의 의견이 한쪽으로 모아지면 그때가 팔아야 할 시점'이라는 말도 있다. 좋다고 하면 호재가 다 반영돼 과열된 상태이고 개미들이 사야 그들은 팔고나올 수 있기 때문이다. 기관세력인 증권사와 개인은 서로 동반자가 아니라 상대방의 돈을 빼앗아야 하는 적이다.

고급 정보를 무료로 주는 사람은 없다. 내가 본 정보는 이미 모든 사람이본 것이다. 오히려 똑같은 정보를 수백만 명이 보게 함으로써 대중심리를 조작하는지 의심해야 한다. **아마도 증권사 내부용 보고서는 따로 있을 것이다. 어느 기업이든 내부보고서가 있으므로 합리적 의심이 가능하다.**

증권사 보고서는 매수·매도 판단자료로 삼지 말라. 단지 시장동향을 살피는 참고자료로 활용하고 그들이 제시하는 투자의견은 무시하라. 실적 비교나 업황 분석, 업종 비교 등 객관적인 숫자만 참고하라.

'보고서의 행간을 읽으라'는 뜻은?

> **치트키 10**　증권사가 제시하는 투자의견을 100% 믿지 마라.
> 오히려 반대로 바라보는 습관을 가져라.

증권사 보고서를 읽을 때 글의 행간을 읽으라는 말을 많이 한다.
도대체 무슨 뜻일까?

필자 나름대로 해석해 보면 보고서 작성자의 개인적인 의견은 무시하고 객관적인 사실만 읽어라, 이렇게 해석하고 싶다.

또 조금 다르게 말하면 문장의 숨은 뜻을 찾으라는 말과도 같다. 문장 표현을 교묘하게 하여 객관적 사실을 숨기고 자기만의 주관적인 평가를 내리는 것을 주의하라는 것이다.

예를 들어 목표 주가를 내려 잡아도 투자의견은 매수인 경우가 많다. 실제로는 매도해야 할 상황이지만 매도의견, 비중 축소 등의 부정적인 표현은 1%도 안 된다.

보고서에서 '투자의견 없음'이나 '중립 의견', '잘 모르겠다' 등은 부정적 의견이고 매도의견을 완화한 표현이다. 목표 주가와 투자의견까지 한 단계 낮추면 단기 조정이 불가피한 종목이다.

'지금은 멀리뛰기 위해 잠시 뒤로 후퇴할 때', '큰 그릇은 늦게 만들어진다' 등의 제목들은 모두 부정적 사인이다. 간혹 확신에 차 '올라간다' 혹은 목표 주가를 크게 올려잡는 경우는 확신이 두 배가 된 것으로 보아도 된다.

'당분간 반전이 쉽지 않다'는 의견과 함께 목표 주가를 낮추는 투자의견은 매수에서 중립으로 바꾸는 경우다. 보통 투자의견의 변경 이전에 목표 주가 조정이 이루어지는데 이것은 목표가 하락 경고로 본다.

종목보다는 산업분석 리포트를 살펴라

주도주는 개별적으로 올라가지 않는다. 산업전체가 좋아져서 같은 섹터의 종목이 모두 올라간다. 그러므로 산업분석을 잘 해야 앞으로 호황 산업을 발견하게 되고 그 산업중에 가장 대장을 투자하면 된다. 즉 산업을 알면 종목은 저절로 발굴되고 업황이 상승예측을 증명한다

조회 수 상위 10개 보고서 제목을 보면 시장의 관심이 어디 있는지 알 수 있다.

(그림 1-9) 보고서 출처 네이버 금융 '리서치'

위 (그림)과 같이 네이버 금융 리서치 항목에 조회 수 상위(하단 오른쪽 붉은 박스)에 오른 글들은 트랜드와 이슈를 보여주므로 이 제목으로 투자자들의 관심사를 파악하는 것이 좋다. 악재가 생겨도 관심주에 떠오르므로 내용을 자세히 파악하자.

보고서의 제목으로 주도주나 미인주를 발굴할 수 있다.

보고서 제목에 '흑자전환', '가이던스 상회 전망', '수주', '수익성 급성장', '중장기 성장' 등 긍정적인 단어가 있으면 매수를 고려하라.

그러나 너무 많은 보고서가 나오고 이미 한차례 올랐는데 계속 좋다고 하는 종목은 매도를 준비하자.

이러한 종목들을 치타가 먹잇감을 노리듯 예리하게 지켜보면서 첫 번째 눌림목을 주면 들어가는 것도 괜찮다.

보고서가 안 나오는 기업도 무척 많은데 보고서의 대상이 된다는 것은 일단 좋은 것이다. 누군가 관심 갖고 지켜본다는 것이기에 그것은 긍정적으로 보자.

한 동안 보고서가 안나오다가 처음 나온 보고서를 주목하자.

> **치트키 11** 처음 등장하는 종목의 보고서는 신선하니 주목하자.
> 이런 주식에 초반에 빨리 올라타면 수익을 볼 수 있다.

보고서가 나오지 않는 기업은 모멘텀도 없고 시장에서 소외된 매력없는 주식이다. 그러다가 처음 나온 보고서가 있다면 관심을 가져야 한다.

무림P&P는 한동안 보고서가 없다가 2022년 7월 26일에 4년 6개월만에 처음으로 '펄프가격 최고가 경신중. 2Q부터 가격 인상 반영'이라는 제목으로 보고서가 등장하였다.

보고서가 나온 날 주가는 4,249원이었는데 약 2개월 후 5,450원이 되었다. 단기간에 35 % 가량 올랐다.

제 2장

세력에게 유리한 시장 어떻게 돌파할까

① 공매도, 유령 주식과 싸우는 법

공매도(Short Stock Selling)는 '없는 것을 판다'라는 뜻이다. 주식을 가지고 있지 않은 상태에서 매도주문을 낸다.

손에 주식이 없어도 거래를 해서 수익을 볼 수 있다니. 대단한 발상이다. 인간의 욕망은 어디까지일까? 주식을 운영하는 세력들은 별걸 다 만들어 개미들을 위협한다.

공매도는 약세장이 올 것으로 예상하거나 특정 종목의 주가가 하락할 것으로 보고 시세차익을 노리는 투자방식이다. 예상대로 주가가 하락하게 되면 많은 수익을 낼 수 있지만, 반대로 주가가 상승하게 되면 손실을 본다.

공매도의 역기능

공매도의 순기능은 '단기적으로 과대 평가(거품)된 종목이 공매도를 통해 주가가 제자리로 돌아와 가격 왜곡을 방지할 수 있다'고 하는데 거품이 낀 종목은 사실 공매도가 없어도 언젠가는 제자리로 돌아오고 공매도 자체가 시장을 왜곡시킨다.

결론은 공매도의 순기능은 없다. 진실을 가리고 그럴듯한 포장으로 위장하는 것이 많으니 조심해야 한다.

공매도의 역기능은 시장 질서를 교란하고 불공정거래 수단으로 악용되기도 한다. 2019년 모 자산운용사가 블록딜(대량) 매도에 대한 미공개 정보를 이용해 공매도로 부당 수익을 취해 과징금이 부과된 사례가 있다.

공매도한 후에 정보력, 자금력이 우수한 기관, 외국인이 인위적으로 주가 하락을 목적으로 매매를 한다. 이는 시장과 가격기능을 왜곡시킬 수 있어 건전한 투자환경을 해치게 된다. 또한 주가 하락을 유도하기 위해 부정적 소문을 유포하거나 관계자는 부정적 기업보고서를 작성할 수 있다.

'기울어진 운동장' – 개인이 불리하다

1) 기관이나 외국인은 개인과 달리 상환 의무기간이 없어 장기 미결제 상태에서도 무제한 공매도를 할 수 있다.

무제한 공매도 때문에 특정 종목에 대한 집중 공매도가 가능하여 주가를 왜곡시키는 경우가 많다. 미국은 3, 6, 9, 12개월 단위로 상환기간이 정해져 있는 등 외국은 모두 의무기간이 있다.

2) 계약 없이 전화나 메신저, 이메일, 팩스만으로 수량을 확보하고 공매도할 수 있다.

이는 엄격한 감시가 전제되지 않으면 사실상 무차입 공매도가 가능한 관행이다.

무차입 공매도
_____

주식을 빌려서 파는 공매도인 차입 공매도와 달리 주식을 빌리지 않고 파는 것을 말한다.

3) 주식차입증거금률이 개인과 기관, 외국인이 달라 기회가 불공정하다.

미국의 경우 개인과 기관이 차입증거금률이 150%로 같다.

공매도는 주가 변동에 따른 차익을 얻는 투자수단이기 때문에 공정하고 엄격한 기준으로 운영되는 것이 필요하다.

기관, 외국인에게 유리하게 설계된 제도의 보완이 시급하다.

공매도 잔고가 가장 많은 종목이 삼성전자, 셀트리온, SK하이닉스 등 대부분 대형 우량주다. 상식적으로 우량주는 등락이 심하지 않고 안정적이기 때문에 공매도 매력이 없다. 그러므로 가격변동이 심한 종목이 공매도 대상

이어야 한다. 하지만 현실은 반대다. 왜 그럴까.

불공정한 공매도 관행 때문이다. 무한대의 공매도가 가능한 현실에서 주가의 방향을 원하는 대로 제어할 수 있는 기관, 외국인이 공매도를 통해 수익을 낸다. 이후 파생상품과 엮어 공매도 재매수(숏커버)를 통한 상환과 상환 이후 주가 상승으로 이익을 또 누릴 수 있다. 대형 우량주는 떨어져도 올라올 경쟁력이 있어 악의적인 공매도 세력이 좋아한다.

위험한 공매도로 개인이 수익 내는 법

1) 개인도 공매도를 이용할 수 있지만 주의해야 한다.

개인도 전문투자자로 등록할 수 있지만 요건이 까다로워 벽이 높다. 개인은 상환기간이 제한이 있어 상환기간이 없는 기관과 외국인과 같은 수준으로 할 수 없어 잘못하면 상환 압박으로 큰 손실을 볼 수 있다. 개인투자자가 자신 있게 할 수 있는 공매도 타임은 1년에 한 번도 오지 않는다.

기관, 외국인이 주가를 원하는 방향으로 움직일 수 있는데 반해 개인은 그렇지 못한다. 불리한 게임은 하지 않는 것이 좋다.

2) 공매도 대차잔고가 많은 주식은 투자에 주의하라.

공매도 대차잔고란?

공매도를 하기 위해 다른 투자자들에게 빌린 총잔고를 말한다. 대차잔고가 중요한 이유는 돈을 빌린 후에 공매도를 하는 것이기에 대차잔고의 크기에 따라 하락으로 배팅하려는 잠재적 강도를 알 수 있다. 그런데 대차잔고는 꼭 공매도만 하기 위해 빌린 것은 아닐 것이다.

그럼에도 불구하고 대차잔고가 점점 늘어난다면 참고해야 한다.

종목코드	종목명	대차거래 체결수량	대차거래 상환수량	대차거래 증감	대차거래잔고	
					수량 ▽	금액
005930	삼성전자	817,057	675,762	+141,295	104,620,574	6,957,268
001440	대한전선	688,386	239,984	+448,402	85,339,719	181,347
034220	LG디스플레이	2,130,240	406,207	+1,724,033	54,433,340	938,975
011200	HMM	69,938	278,176	-208,238	52,248,067	1,763,372
010140	삼성중공업	164,127	100,000	+64,127	40,545,443	233,947
034020	두산에너빌리티	175,576	210,791	-35,215	28,013,248	564,467
088350	한화생명	183,157	353,711	-170,554	25,584,050	67,158
000660	SK하이닉스	47,471	299,011	-251,540	23,670,157	2,509,037
008560	메리츠증권	417,979	164,746	+253,233	23,120,869	142,656
323410	카카오뱅크	650,682	481,794	+168,888	22,228,834	916,939
035720	카카오	6,310	155,422	-149,112	20,952,313	1,711,804
292150	TIGER TOP10	0	840,000	-840,000	19,351,791	218,578
028670	팬오션	101,401	31,941	+69,460	17,302,869	139,807
047040	대우건설	180,263	140,897	+39,366	15,141,245	97,510
006800	미래에셋증권	1,062	268,940	-267,878	13,996,668	112,113

(그림 2-1) 대차거래 내역(키움증권)

위 그림을 보면 삼성전자, 대한전선, LG디스플레이 순으로 잔고가 많다
이런 종목에 투자할 때는 신중하게 해야 한다.

대차잔고는 수량과 금액이 있는데 금액보다는 수량이 중요하다. 주가가
비싼 것은 금액이 크므로 수량이 더 영향을 주기 때문이다.

치트키 12 대차잔고가 증가하다가 멈추는 시점은 공매도를 주의하라. 공매도에 필요한 물량을 빌리고 시점을 기다리고 있는 것이다.

 ## 3) 개인이 공매도 잔고가 많은 종목을 골라 저점에서 투자하는 방법

공매도 잔고가 많다는 것은 매도포지션을 취한 투자자들이 많다는 것이고 그만큼 가격이 내려가 있다는 의미다.

재매수(숏커버)

공매도 포지션을 청산하기 위한 주식의 재매입을 말한다. 선물(先物) 시장에서도 청산을 위한 환매수를 숏커버라고 한다.

조만간 재매수(숏커버)가 들어올 가능성이 높아 가격이 오를 수 있다. 이 때 저점에서 매수할 수 있다. 이렇게 공매도만을 보며 투자하는 방법은 단기적으로 보고 매매에 임해야 한다.

그럼 중장기적으로 확실한 반등의 모습이 보일 때는 언제인가?

다음 3가지 조건이 만족되면 중기적으로 지속적인 상승이 가능하니 과감하게 매수하라

- **공매도 수량이 현저하게 줄어든다.**
- **해당 종목의 업황이 좋아지고 실적이 향상되는 기미가 보인다.**
- **며칠 연속으로 세력의 매수가 강하게 들어온다.**

공매도 대차잔고를 보는 방법은 예탁결재원의 세이브로(https://seibro.or.kr)에서 보는 것이 좋다. 상단 '증권대차' --〉 좌측 주식대차 〉 종목별 대차거래 현황을 보면된다. 그래프로 보여주어 한 눈에 증감을 알 수 있다.

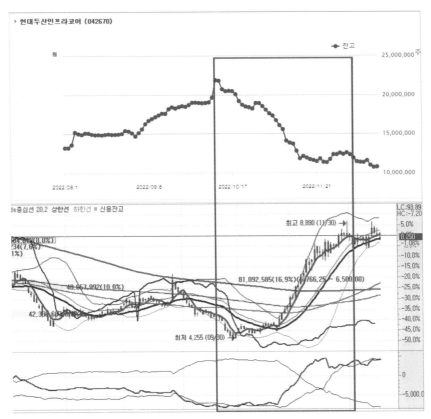

(그림 2-1-1) HD현대인프라코어 대차거래 잔고, 차트, 주체별거래

위 그림 HD현대인프라코어(구 현대두산인프라코어) 대차잔고(상단)가 줄
어드는 초기에 차트는 바닥을 다지고 올라갈 준비를 하고 있다. 차트에는
나타나지 않게 조용히 한 달동안 매집을 하고있는 것이다. 본격적으로 차
트가 상승하는 시기에는 이미 대차잔고는 많이 줄어들었기에 이를 확인하
고 사도 늦지않다.

하단 주체별 보유수량을 보면 외국인과 기관의 매수세가 강하게 들어오고
중장비 사업을 하는 현대두산인프라코어는 우크라이나 전쟁 재건이슈 때
문에 강한 상승을 이끌었다.

② 블록딜을 하는 이유를 알고 대처하라

주식에도 도매거래가 있다. 블록딜(Block Deal)은 주식을 '블록'으로 묶어 대량으로 한꺼번에 '도매'로 거래하는 매매방식이다. 장 시작 전과 장이 끝난 후에 매매하는 '시간 외 대량매매'의 형태로 거래된다. 시간 외 거래로 하는 이유는 주가에 충격을 최소화하면서 제값에 팔기 위해서다.

블록딜이 성공하기 위한 조건

1) 해당 종목이 실적과 모맨텀이 좋아야 한다.

향후 주가가 현재 가격보다 상승할 여력이 있어야 한다.
그래야 해당 기업의 주식을 대량으로 매수할 때 실익이 생긴다.

2) 매수자의 매수이익이 있어야 한다.

대량 매수하니 깍아주는 할인율로 매각하는 경우가 대부분이다. 쉽게 말하면 도매가격이므로 조금이라도 싼 맛이 있어야 한다. 하지만 리스크도 있다. 블록딜 당일 할인율보다 더 하락해 손해를 보기도 한다.

3) 종목이 지나치게 빠져 저평가되어 원활한 소화를 위해 하는 경우가 많다.

블록딜은 대량 물량을 소화해야 하는 부담이 있는 거래다. 종목 가격이 지나치게 높으면 사려고 하지 않는다. 좋은 종목이 저평가 구간에 있을 때 블록딜 하기 가장 좋은 시점이 된다.

- 참고 : 자전거래

대량 주식거래 방법으로 블록딜 외에 자전거래(cross trading)도 있다. 대량으로 거래한다는 면에서 블록딜과 비슷하나 매도자와 매수자가 미리 짜고 정해진 물량을 정해진 가격으로 주고받는 거래다. 증권사가 중간에 끼지만 주문을 동시에 체결시켜주는 단순 중개 역할만 한다. 자전거래는 거래량이 많아 주가에 영향을 끼칠 수 있어 증권선물거래소에 신고해야 한다.

블록딜이 주가에 미치는 영향

치트키 13 대주주 지분 매각을 위한 블록딜은 투자자의 불신이 커지면서 투매가 일어날 수 있으니 주의하라.

어떤 형태의 블록딜이라도 단기적으로 주가에 부정적 영향을 준다.

대주주의 물량이 시장에 나오기에 공급이 갑자기 늘어나면 희소성이 떨어져 가격은 하락하게 마련이다.

블록딜 매매 가격은 현재 가격에서 할인된 가격으로 이루어지기 때문에 당일에 주가가 하락한다.

할인 가격으로 대량 매수한 자가 할인분만큼의 수익을 얻기 위해 곧바로 대량으로 매도할 수도 있고 장기적으로 보유하며 매도할 수도 있다.

예를 들어 현재 가격의 5% 할인을 받아 산 주식을 바로 팔면 5%의 수익이 나는 것이다. 그러나 앞으로 더 올라갈 거라고 생각하면 팔지 않고 기다릴 것이다.

갑작스런 대량 물량의 거래이기 때문에 진의가 파악되고 적응될 때까지 여파는 지속된다.

삼성그룹 오너 일가가 3,900억원 규모의 삼성SDS 주식을 블록딜 형태로 대량 매매한다는 소식에 삼성SDS 주가가 급락한 사례가 있다.

그러나 하락했을 때가 매수 기회가 되는 경우도 있는데 이때는 무조건 사지 말고 회사의 펀더멘털(기초체력)과 매출액 성장률을 보면서 판단해야 한다.

치트키 14 블록딜 후 첫날의 주가는 2~9%의 할인율에 따라서 주가가 결정되기에 할인율을 꼭 확인하라.

개인의 슬기로운 블록딜 대처 방안

블록딜 후 주가가 빠지는 비율을 보고 앞으로 더 내려갈지 이평선의 지지를 받고 다시 올라갈지 차트를 보고 파악하라.

현재 가격보다 싼 가격으로 할인을 해서라도 블록딜을 하는 이유는 기업 내부정보 사항이므로 개인은 파악하기 어렵다.

그러므로 블록딜을 왜 하는지, 자금이 어떻게 쓰이는지 공시로 확인하고 투자에 임해야 한다.

기업의 미래가 불투명하여 블록딜을 했는지, 투자를 위해 현금을 마련해야 했는지, 경영권 승계나 기부를 위한 자금을 마련하기 위한 것인지 잘 파악하여 매매해야 한다.

기업이 투자를 위해 블록딜을 했다면 당장 팔지말고 중장기를 기다려보자.

단기 하락 사례 : 셀트리온 그룹

2022년 3월 21일 공매도 잔량 상위인 셀트리온 그룹의 경우, 저점에서 상승을 시도하고 있던 시점에서 주요 주주인 싱가포르 국부펀드 '테마섹'의 블록딜 추진 소식에 셀트리온과 셀트리온헬스케어가 각각 7.18%, 7.08% 하락했다.

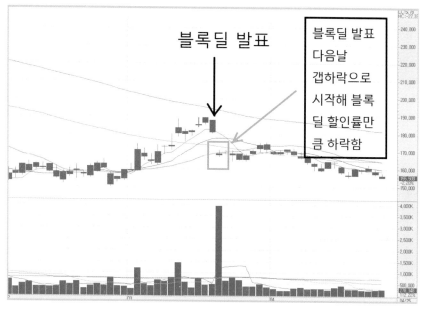

(그림 2-2) 블록딜을 시행한 직후 주가 흐름

위 (그림)을 보면 블록딜 이후 주가는 상승 모맨텀을 잃고 횡보하고 있다. 블록딜과 공매도가 합쳐 주가 하락을 이끌었다. 외국인은 이날 셀트리온을 1,294억원 어치 팔았고, 셀트리온헬스케어도 742억원 어치 팔았다. 외국인은 단기로 발빠르게 대응한다.

그러나 6개월 후에는 저점을 찍은 후 상승했다.

상승 사례 : JYP Ent.

 2021년 7월 1일 대표 박진영은 자신이 보유한 주식을 매도하여 지분이 15.7%로 감소했다.

 블록딜을 한 이유는 단기간에 주가가 2배 이상 급등했기 때문에 비쌀 때 팔아 차익실현을 한 것이라고 한다. 거래 상대가 블록체인·핀테크 업체인 두나무였기 때문에 시장에서는 부정적으로 보지는 않았다. 두나무는 JYP의 앞으로의 전망을 좋게 보았기에 들어온 것이다.

 전문가들도 JYP 엔터의 콘텐츠와 두나무의 기술을 활용하면 좋아질 거라고 전망을 좋게 보았다. 실제로 한 달 뒤 10% 이상 주가가 올랐다.

 그 후에도 주가가 꾸준히 우상향했다.

 이처럼 블록딜을 시행한 이유와 거래 상대, 시기 등을 알아보면 향후 주가 향방을 예측하기 쉽다.

③ 신용물량, 개인이 청산할 때 돈 버는 법

주식에서도 '외상'이 있다. 조금 고급스럽게 말하면 '대출'이다. 그런데 세력들은 이것을 더 품위 있게 '신용'이라고 이름 붙인다. 남의 돈을 빌려서 하는 주식이라 불편한 개인의 마음에 위안을 주기 위해 '신용'이라고 이름 붙인 것은 더 쓰게 하려고 개인들에게 미끼를 던지는 네이밍 전략이다.

미수(외상)는 안 갚으면 강제로 팔아 버린다

일정 기간 안에 갚아야 하는 금액이라면 시간이라는 무기를 버리고 싸우는 것과 같다. 정해진 시간 안에 수익을 낸다는 보장은 누구도 할 수 없다.

증권사 계좌를 개설했다면 미수는 특별한 절차가 필요 없고 최대 3일까지 보유한다. 보통 증거금률로 나타나는데 종목마다 20%, 30%, 40%, 100%로 차이가 있다.

20% 종목은 100만원이 있다면 5배인 500만원까지 매수할 수 있다. 100% 종목이면 전액 현금으로 매수해야 한다.

거래일 후 2일 이내 청산하지 않으면 거래일 후 3일에 미수 동결(미수 거래 못함)이 걸리게 되고 자동으로 반대매매(강제 매도)가 들어온다.

미수 동결이 되면 1개월 미수를 사용할 수 없다.

당일 매수매도에 이자가 붙지 않는 것은 달콤한 사탕발림이다. 그래서 주로 당일 단타 매매를 하는 투자자들이 자주 이용한다. 그러나 실수하여 한순간 삐끗한다면 낭떠러지로 떨어지는 위험한 것이다.

신용거래는 증권사가 이기는 상품일 뿐이다

신용 기간은 1~3개월 사용 가능하고 연장도 가능하다.

미수와 다르게, 이용하려면 증권사의 절차에 따라 신용계좌를 개설해야 한다. 계좌개설 시 한도금액을 설정하고 금리는 증권사마다 조금씩 차이가 있고 이용 기간이 길어질수록 금리가 상승한다. 금액의 범위는 신용 담보 비율에 따라 평가 자산 대비 약 2.5배 정도 가능하다.

계좌의 현금과 보유주식에 대해 담보가 설정된다. 단, 위험자산으로 평가 되는 부실 주식은 담보에서 제외한다. 증권사들은 손해 보는 위험한 게임 은 절대 하지 않는다.

담보유지비율은 140%로 보통 23% 정도 하락 시 다음날 반대매매가 들어 간다. 이것도 결코 손해는 보지 않겠다는 증권회사의 의도가 있는 것이다.

예를 들면 보유현금 1,000만원, 신용금액 2,000만원이면 총 3,000만원 으로 매매를 하는데 잔고가 신용금액의 140%인 2,800만원 밑으로 떨어지 면 한도를 채워야 한다.

그렇지 못한 경우 1회 경고 후 2회부터 반대매매에 들어간다.

증권시장은 피도 눈물도 없는 냉혹하고 무서운 곳이다. 다른 방식의 대출 은 못갚으면 법의 절차를 거치는데 증권시장은 그런 것도 없고 무자비하고 갑의 힘이 절대적이다. 죽고 죽이는 정글이기에 갖가지 덫이나 폭탄, 부비 트랩 등 위험한 장치들이 많은데 신용도 그 위험한 것 중 하나이다.

하락장에서 신용이나 미수거래는 절대 이용하지 않아야 한다.

증권사들은 수익을 내는 방법의 하나로 개인의 외상 심리를 이용하여 매 출을 올린다. 담보를 확실하게 잡고 기간이 지나면 강제로 매매를 시켜 버리기에 결코 손해나는 장사를 하지 않는다. 여기에 유혹되는 개인만 손해가 막심하다.

주식투자는 투자에 대한 믿음을 지켜나가는 승부 게임이다.

확신과 믿음으로 투자했다면 시간이 필요하다. 하지만 빚으로 투자하면 원하지 않게 주가가 하락하면 이자는 이자대로 나가고 손실금은 눈덩이처럼 불어나는 악몽을 만난다.

신용거래 만기가 정해진 경우는 의도와는 상관없이 반대매매나 손절을 감수해야 한다. 10번의 투자 중에 1번이라도 실패하면 9번의 성공 열매를 잃게 된다.

개인의 신용물량 청산을 기회로 돈 벌 수 있다

> **치트키 15**   **신용잔고가 바닥일 때 주식을 사라.**

시장이 폭락하면 개인투자자의 '빚투(빚내서 투자)' 규모를 의미하는 '신용거래융자' 잔고가 최저치로 낮아진다. 빚을 내 주식을 사고 이를 갚지 못해 강제 처분되는 반대매매가 급증하기 때문이다.

보통 급락장일 때 '신용거래 잔고'가 급하게 줄다가 다시 늘어나는 때를 저점, 즉 바닥이라고 보는 경우가 많다.

이때 실적 전망이 밝은 업종에 한해 저점 매수 기회가 될 수 있다. 물론 다른 지표도 활용해야 하지만 신용거래에 따른 물량의 정도를 보는 것이 확률이 높아 이것을 투자지표로 삼는 경우가 많다.

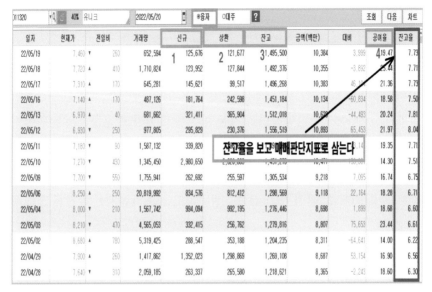

(그림 2-3) 종목별 신용거래 현황

위 (그림)은 일자별 종목별 신용거래 현황을 보여준다.

1번 **신규**는 당일 신용거래, 2번 **상환**은 당일 상환 물량, 3번 **잔고**는 총 신용잔고, 4는 **공여율**로 결제일 기준 신용매수 거래 비중, 푸른 박스는 **잔고율**로 해당 종목 주식수 대비 현재 신용으로 매수한 잔고 비율이다.

잔고율

잔고율이 ~7%까지는 적정, 8%~10%는 주의, 11% 이상은 위험 수준이라고 보며 보통 저점보다 고점에서 비율이 높은 경향이 많다.

잔고율이 높을수록 신용매수 주식수가 많다는 것으로 향후 신용 청산으로 인한 잠재 매물이 된다.

만약 어떤 종목을 매수하려고 하는데 잔고율이 높다면 매수를 신중하게 고려하는 것이 좋다.

다만 잔고율이 높은 종목이 크게 하락하고 잔고율이 현저하게 줄어든 경우 저점일 가능성이 높다. 이때가 개인의 신용이 강제로 청산될 때 투자하는 방법으로 매수 기회가 된다.

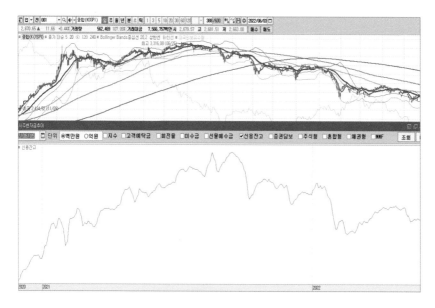

(그림 2-4) 코스피와 신용잔고 비교차트

위 (그림)은 코스피 차트(위)와 신용잔고 차트(아래)를 비교한 것이다. 두 차트가 거의 동조화 되어 움직이고 있다.

주가가 올라갈수록 신용잔고가 늘어나 상승할 때마다 돈을 빌려서 주식을 샀다는 것을 알 수 있다. 고점을 찍고 내려오면서 신용물량이 조금씩 줄어들고 있다.

기관이나 외국인들은 개인들의 신용물량이 반대매매 들어간 것을 확인하고 거래하는 경우가 많다. 반대매매를 속된 말로 '신용이 털린다'고 한다. 그리고 일부러 세력들은 개인들의 신용을 털기 위해 주가를 계속 낮추며 개인들이 떨어져 나가도록 유도한다.

특히 공매도 잔고가 많은 종목에 대해 즐겨 사용하는 방법이다. 잔고율이 높은 종목을 기관이나 외국인이 공매도 물량을 늘려나가면 가격하락을 견디지 못한 개인의 신용물량이 정리되면서 하락 폭을 더 키우게 된다.

시장 전체의 신용잔고율을 확인하는 방법은 증권사마다 다르지만 키움증권 HTS의 경우 신용규모 〉융자 항목의 전일대비에 −(마이너스)가 큰 숫자(파란색)가 나오면 신용물량이 청산된 것이므로 이때 적극 매수하면 된다.

종목별 신용 잔고를 보며 매매하는 법

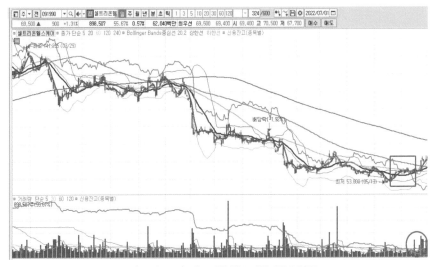

(그림 2-5) 셀트리온헬스케어 일봉 차트

위 (그림)은 셀트리온 헬스케어 일봉차트(위)와 거래량(아래)에 개별 신용잔고(주황색 선)를 추가한 것이다. 주가가 장시간 내려오면서 계속 신용물량이 같이 줄어들고 있다.

일봉 오른쪽 끝부분에 붉은 박스를 보면 드디어 신용잔고가 주가보다 더 내려오자(주황색의 데드크로스) 주가는 상승하고 있다.

거래량에 추가한 신용잔고(빨간색 원)도 부분을 보면 거의 바닥에 이르고 있다.

세력들은 개미들을 코너로 몰아 위협하고 개미들은 드디어 항복을 하는 시기이다.

이때가 주식을 사야 할 최적의 시기이다.

위 차트에는 안나와 있지만 이후로 주가는 전고점을 넘기며 상승했다.

개별 종목은 신용잔고를 지표로 놓고 사야 할 때와 팔아야 할 때를 결정한다면 승률이 높은 매매가 될 것이다.

> **치트키 16**   금융위기, 전쟁, 팬데믹 등 세계적인 위기로 주가가 30~40% 빠졌을 때 신용을 써서 수익을 극대화 시켜라.

신용이 위험하지만 일생에 몇 번 신용을 사용해야 할 때가 있다.

돌발적인 사태가 일어나 주식이 급격히 하락했을 때, 빠른 회복이 확신 될 때 과감히 신용을 사용하면 좋다.

그러면 어느 정도 급락했을 때를 말하는가?

5~10년에 한 번 나올만한 40~50% 급락하면 신용을 써서 투자할만 하다.

연일 급락할 때 바닥을 잡는 방법은?

매일 큰 폭의 하락이 나올 때 미리 선점하기 위해 계속 음봉에서 사지 마라. 다음날도 음봉이 나올 수 있고 어디까지 하락할지 알 수 없다.

이럴 때는 첫 의미있는 양봉이 나올 때 종가에 사는 것이 좋다.

의미있는 양봉이란?

전날보다 오른 가격에 끝나는 양봉을 말한다. 조금 비싸게 샀다고 아쉬워하지 말고 확실하게 돌아섰을 때 사는 것이 더 안전하다.

④ 네 마녀가 움직일 때 대처 방법

만기는 마녀이므로 조심하라

선물(先物) 옵션 만기일을 네 마녀의 날(Quadruple witching day)라고 한다. 이때 주식시장의 변동이 커져 두려워진다.

먼저 선물(先物)이란 무엇인지 알아보자. 선물(先物)이란 특정 상품을 미래에 예측하여 미리 매수매도하는 것을 약속하는 계약이다.

예를 들어 가을에 추수할 예정인 농작물을 여름에 미리(先) 사는 것과 같은 것이다. 가을에 가격이 폭등할지 떨어질지 모르는 가운데 먼저 가격을 예측하고 사는 것이기에 투기적 성격이 있다.

선물은 주식과 달리 만기일이 존재한다.

옵션이란?

특정 일에 권리를 사고파는 것은 선물과 같지만 선물과 다른 점은 권리를 포기할 수 있는 옵션이 있다.

문제는 선물과 옵션 두 계약이 동시에 만기가 겹치는 일이 발생한다. 선물 만기일은 3, 6, 9, 12월 둘째 주 목요일이고 옵션 만기일은 매월 둘째 주 목요일이다.

따라서 3, 6, 9, 12월 둘째 주 목요일은 주가지수 선물과 옵션, 개별주식 선물과 옵션 등 4개의 파생상품이 동시에 만기가 된다.

네 마녀인 파생상품이 심술을 부리는 것으로 묘사해 네 마녀의 날이라고 한다. 누가 이름 붙였는지 참 잘 지었다.

최근에는 미니선물옵션, 섹터 선물옵션, 매달 만기인 개별주식선물옵션 등이 추가되어 종류가 더 많아졌다.

3, 6, 9, 12월 둘째 주 목요일 만기 외에 매월 모든 선물옵션 만기일이 몰려서 이를 '동시 만기일'이라고도 한다.

왜 네 마녀에 시장이 긴장할까

예를 들어보자. 선물옵션 투자 세력이 주가 하락에 배팅하여 수익을 보려는 전략을 세웠다고 가정하자.

이들은 코스피 시총 상위 종목을 대량으로 매수하고 선물 매도 포지션(판 상태)과 풋옵션(팔 수 있는 권리)을 매수 포지션(산 상태)을 취하게 된다.

선물매도는 정한 날에 정한 가격으로 파는 계약이므로 팔아서 이익을 보려면 주가가 하락해야 한다.

이를 다시 정리하면 이렇다.

주식 매수 ==〉 선물매도 포지션, 풋옵션 매수 포지션
선물 매도 = 주가가 하락해야 이익이 난다

또 풋옵션 매수 포지션(일정한 금액에 파는 권리를 사는 포지션)을 취했다는 것은 **가격이 하락할 것을 기대**하고 매매를 했다는 것이다. 그렇다면 이익을 보기 위해 취해야 할 포지션은 당연히 주가 하락 쪽이다.

이들은 선물 옵션 만기일 당일 거래가 끝나는 시점에서 코스피 시총 상위 종목을 대량으로 매도할 것이며 주가는 크게 빠진다.

그 결과 선물매도와 풋옵션 매수포지션을 취한 매매에서 큰 수익이 나게 된다. 반대의 포지션도 얼마든지 취할 수 있다.

또 시장 상황, 개별 종목의 환경에 따라 투자자들이 서로 다른 포지션을 취하게 된다. 결국 네 마녀의 날은 각 포지션을 취한 주체들의 눈치싸움이 크게 벌어진다.

이날은 어떤 형태든 현물(現物) 주식 매물이 시장에 출하되기 때문에 개별 주가의 변동성이 커질 수밖에 없다.

그래서 거래가 위축되고 언제 변할지 모르는 주가에 긴장할 수밖에 없다.

시장구분	개인	외국인	기관계
코스피	-7,447	+2,760	+5,545
코스닥	+827	-1,005	+671
선물	-2,713	+2,032	+1,527
콜옵션	-9	+27	-21
풋옵션	+13	-51	+37
주식선물	-406	-135	+529
달러선물	+1,933	-5,653	+3,720

(그림 2-6) 투자자별 매매 동향 (선물, 옵션)

위 (그림)은 증권회사 HTS에서 투자자별 선물 옵션 매수, 매도 상황을 보여 준다.

외국인의 선물 매매 동향을 볼 때 중요한 점은 선물을 순매수하고 있는지, 순매도하고 있는지, 매매 규모와 장중 변동 방향이다.

위 (그림)을 보면 오늘 외국인은 2,032억원 순매수, 기관들은 1,527억원 순매수 했고 개인은 2,713억원 순매도 했다.

이것으로 알 수 있는 것은?

외국인과 기관은 앞으로 오를 것으로 예상하고 선물을 매수한 것이다.

개인은 응집력이 없어 일정한 방향으로 가지 않는다.

기관은 프로그램 매매를 활용하여 지수의 움직임에 따라가면서 위험을 최소화한다.

외국인은 집중력이 있어 시장을 주도하면서 움직인다. 외국인은 큰 자금을 움직이므로 중소형주보다는 대형주 위주로 매수하고 주로 선물로 수익을 낸다.

개인들은 선물은 위험하다고 생각하여 대다수는 관심을 두지 않는다. 그러나 선물시장을 봐야 주식의 흐름을 알 수 있다. 지수 관련 대형주는 선물에 영향을 받으니 선물의 움직임을 무시하면 시장의 추세를 알 수 없다.

만기에 개인의 발빠른 대처법

시장의 흐름을 예측하는 법을 알아보자. 선물과 현물의 가격 차이(베이시스, basis)를 이용하는 차익거래를 예를 들어보자.

베이시스가 플러스이면 선물가격이 현물가격보다 높고 마이너스이면 그 반대다.

선물가격이 현물가격보다 높거나 결제월이 멀수록 선물가격이 높아지면 미래에 오를 것으로 예측하는 것인데 이것을 콘탱고(contango, 매수차익거래)(정상 시장)라 한다. 콘탱고 상태에서는 비싼 선물을 팔고 값싼 현물을 사서 차익을 챙긴다.

반대로 선물가격이 현물가격보다 낮거나 결제월이 멀수록 선물가격이 낮아져 미래에 하락할 것으로 보는 것을 백워데이션(backwardation, 매도차익거래)(비정상 시장)이라 한다.

백워데이션에서는 싼 선물을 사고 비싼 현물을 팔아 차익을 챙긴다.

현물을 사고 선물을 팔아 차익을 챙기는 거래를 〈매수차익거래〉라 하고,
현물을 팔고 선물을 사서 차익을 챙기는 거래를 〈매도차익거래〉라 한다.

치트키 17 매수차익 잔고보다 매도차익 잔고가 지나치게 클 경우
청산일에 매물이 쏟아질 수 있으니 조심하라.

일자	차익거래			비차익거래			전체			KOSPI200	BASIS
	매도	매수	순매수	매도	매수	순매수	매도	매수	순매수		
2022/05/27	90,511	111,012	+20,501	1,613,013	1,729,885	+116,873	1,703,523	1,840,897	+137,374	348.04	0.86
2022/05/26	124,449	135,806	+11,357	1,603,651	1,823,713	+220,062	1,728,100	1,959,519	+231,419	344.26	0.54
2022/05/25	82,887	101,998	+19,111	1,830,370	1,864,160	+33,790	1,913,258	1,966,159	+52,901	345.60	0.55
2022/05/24	116,174	115,371	-803	1,660,271	1,513,970	-146,301	1,776,445	1,629,341	-147,105	344.08	0.12
2022/05/23	72,775	90,925	+18,150	1,666,711	1,612,907	-53,805	1,739,486	1,703,832	-35,655	350.34	0.36
2022/05/20	59,123	94,758	+35,635	1,939,086	2,193,901	+254,815	1,998,210	2,288,659	+290,449	349.29	0.36
2022/05/19	139,382	131,138	-8,244	2,244,848	2,182,083	-62,765	2,384,231	2,313,222	-71,009	343.24	-1.14
2022/05/18	83,363	85,767	+2,404	2,011,170	2,153,610	+142,440	2,094,533	2,239,377	+144,844	348.34	0.06
2022/05/17	82,007	93,521	+11,513	1,981,599	1,838,928	-142,671	2,063,606	1,932,449	-131,157	347.53	0.07
2022/05/16	103,954	112,459	+8,505	1,806,601	1,683,825	-122,776	1,910,555	1,796,284	-114,271	343.94	0.21
2022/05/13	46,416	89,131	+42,715	2,135,783	2,267,047	+131,264	2,182,199	2,356,178	+173,979	345.50	0.20
2022/05/12	174,374	172,079	-2,295	2,589,840	2,463,542	-126,298	2,764,214	2,635,621	-128,593	337.94	-0.14
2022/05/11	138,644	99,650	-38,994	2,021,834	1,777,781	-244,053	2,160,478	1,877,430	-283,048	343.44	-0.39
2022/05/10	145,489	146,223	+734	2,619,108	2,383,773	-235,334	2,764,596	2,529,996	-234,600	343.67	-0.57
2022/05/09	72,519	62,922	-9,598	1,909,249	1,559,639	-349,611	1,981,769	1,622,560	-359,208	345.41	-0.11
2022/05/06	112,025	47,491	-64,534	2,428,397	2,082,988	-345,409	2,540,423	2,130,479	-409,944	349.00	-0.70
2022/05/04	97,186	97,830	+644	1,623,098	1,631,798	+8,701	1,720,284	1,729,628	+9,345	353.85	-0.30
2022/05/03	131,543	105,422	-26,121	1,467,515	1,555,848	+88,333	1,599,058	1,661,270	+62,211	353.32	-0.47

(그림 2-7) 프로그램 매매 추이

위 (그림)에서 5월 27일로 갈수록 매수차익 잔고가 커지므로(빨간색 베이시스가 플러스) 매물이 쏟아지지는 않을 것 같다.

하지만 차이가 크더라도 지난달과 비교해 크게 달라지지 않았고 그때 큰 충격이 없었다면 잔고 차이가 크게 나더라도 걱정할 것은 없다.

한편 근월물(현재)과 차근월물(3개월 후) 간 가격 차이인 스프레드 조건에 따라 시장에 영향을 어떻게 줄지 판단할 수 있다.

예를 들어 스프레드(가격 차이)가 크지 않으면 매도하기보다 롤오버(이월)할 가능성이 높아 시장에 큰 충격을 주지 않게 된다.

그림에서 보면 5월 3일부터 5월 12일까지는 베이시스가 마이너스였다가 차츰 플러스로 돌아선다.

이 상태로 만기일까지 계속 간다면 어떻게 될까?

주식은 떨어지기보다는 오를 것이다.

한편 선물 옵션 거래뿐 아니라 공매도라는 매매기법을 여기에 추가할 때도 있다.

갈수록 파생상품의 기법이 다양화되면서 파생상품과 현물, 공매도 등이 결합되어 하나의 원인을 가지고 만기효과의 인과관계를 예측할 수 없는 현실이 되었다.

파생상품은 인간의 욕망이 끝이 없다는 것을 보여준다.

⑤ ETF로 1년에 100% 수익내는 기법

"주식은 등락폭을 먹는 것이다."

"주식은 타이밍을 잡는 것이 전부다."

이런 이론을 현실화시켜 확실한 수익을 내는 방법으로는 ETF가 최고다. ETF는 10종목 이상을 모아 놓은 펀드인데 주식처럼 개인이 편리하게 언제든 쉽게 사고팔 수 있다.

불안정한 상한가를 치는 '듣보잡' 주식보다 안정적으로 1년에 100%를 내는 ETF로 확실하게 수익을 낼 수 있는 근거는 이렇다.

예를 들어 1억이 전체투자금이라고 했을 때 들쑥날쑥 널뛰기하는 상한가 종목에 전체를 다 넣기는 어렵다. 언제 상한가 갈지도 모르고 10% 정도 넣어 운좋게 상한가 3번을 먹었다고 했을 때, 1,000만원이 2,197만원이 된다. 그러나 ETF는 1억으로 안정적으로 확실하게 평균 25%씩 4번 먹었다고 했을 때 1억이 수익으로 돌아온다.

ETF의 장점과 종목 선정법

• 장점1. 개별 종목은 망하는 경우도 많고, 망하면 원금을 찾기 어렵지만 ETF는 그렇지 않다. 가장 큰 장점이다.

• 장점2. ETF는 힘들게 시간과 노력을 들여서 종목 분석을 할 필요가 없다. 주식이 어려운 이유는 2,000개가 넘는 종목을 다 공부하기 힘들고 언제 어떤 종목이 올라갈지 정말 예측이 어렵다. 그러나 ETF는 우상향 업종을 선

택해 홀짝처럼 위나 아래, 둘 중 하나 방향만 맞추면 된다.

• 장점3. ETF는 증권거래세가 없어 아무리 많이 팔고 사도 거래세를 내지 않는다. (단, 소득세의 경우 국내는 면제이고 해외는 순이익이 연 250만원까지는 면제, 그 이상은 양도소득세 22%가 나온다. 금융소득종합과세는 2,000만원이 넘을 경우 과세된다.)

• 장점4. 상승의 2배를 벌 수도 있다. 바로 레버리지로 지수의 2배를 수익으로 얻는 경우이다. 시장이 하락해도 돈을 벌 수 있다. 인버스나 곱버스(2배)를 사면 하락했을 때 수익을 낼 수 있다.

• 종목선정법 1 유동성이 좋은 ETF를 선택해야 한다. 상장폐지를 당하지 않기 위해 안전한 종목을 선택해야 한다.

• 종목선정법 2 미래에 산업이 커지고 좋아질 우상향하는 산업을 잡아라. 전기차, 2차전지, 엔터테인먼트, 메타버스, 로봇, 방산, 탄소배출권, 우주항공, 혁신기업 등. 이런 종목들은 의도적으로 내리는 경우가 많고 내려가면 다시 올라올 힘이 있다.

• 종목선정법 3 순매수 TOP을 살펴라. 순매수 TOP은 거래가 활발하고 움직임이 크기에 가격변동 폭을 먹을 수 있다.

• 종목선정법 4 테마가 나타나면 ETF가 움직인다. 테마형 ETF는 시장보다 더 많이 올라간다. 테마는 초기에 빠르게 진입해야 한다. 테마가 얼마나 오래 갈 것인가 예측해야 한다. 일시적 테마는 그 충격이 끝나면 테마도 같이 끝난다. 그러나 전기차, 밧데리, 친환경, 우주항공 등 글로벌 메가트랜드 테마라면 등락을 주면서 길게 갈 수 있기에 지속적으로 투자한다.

ETF 시소 매매법

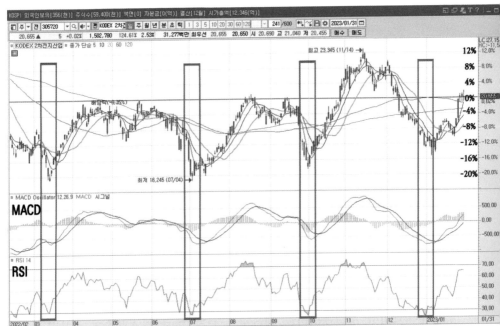

(그림 2-7-1) KODEX2차전지산업 ETF 차트

시소 매매법은 놀이터의 시소 타듯 내려오면 사고 올라오면 파는 것이다.

위 그림은 'KODEX2차전지산업' ETF의 1년간 차트이다. 빨간 직사각형을 보면 4번 저점을 찍고 단기 고점 사이를 시소 타듯 오르내리고 있다.

한 번 내려와서 올라갈 때마다 평균 25%씩 차액이 생긴다. 거의 정확히 20%가 하락하면 다시 반등하여 올라가고 있다.

3개월마다 일정한 방향성이 있다. 개별 종목처럼 마구 널뛰기하는 것이 아니라 일정한 방향이 있기에 차트가 예쁘고 타이밍을 잡기가 쉽다.

기본적으로 차트를 기준으로 매매한다. 이 때 MACD와 RSI 보조지표가 큰 도움이 된다. MACD와 RSI는 책 후반부에 다시 자세히 설명이 되어 있다.

차트 하단과 RSI 하단이 거의 일치하고 있다. MACD골든크로스도 차트 하단과 거의 일치하고 있다.

차트는 평균 5일 정도 하단에 머물며 살 기회를 주고 있다. 이 때 5번 나누어서 저점 매수하면 된다. 차트 상단에서도 잠시 머물며 팔 기회를 주고 있다. 이 때 더 욕심 부리지 말고 팔고 나오면 된다. 상단에서 5일 정도 더 올라가지 못하고 머뭇거리면 과감하게 팔고 나오면 된다. 20일선을 깨지 않으면 더 가져가면 된다.

이렇게 1년에 4번만 하면 ETF로 안정적으로 100% 수익을 낼 수 있다.

ETF 매매 고급 팁

• 내려올 때 수익을 내는 인버스나 곱버스(2배)를 사면 전체 수익율이 200~300%로 올라간다.

• 패시브ETF는 안정적으로 시장지수를 추종하는 것이 목표이고 액티브 EFT는 시장보다 더 많은 수익을 내는 것이 목표이다. 그래서 액티브ETF가 시장보다 위아래로 더 변동폭이 크다.

• 변칙 매매 방법 : 섹터의 업황과 상관없이 돌발적인 변수에 의해 움직일 때 시장의 변동폭보다 섹터의 변동폭은 더 크고 자주 나오기에 이것을 적극 활용하면 큰 수익을 얻을 수 있다. 종목은 내부 사정을 알 수 없지만 업황은 신문기사에 잘 나와있다.

• **코스피200, 코스닥150, S&P500 등은 지수를 추종하기에 시장가격이 많이 하락했을 때는 이런 지수추종 ETF를 사서 수익을 많이 낼 수 있다.**

• 해외 ETF는 환율도 반영된다. 예를 들어 환율이 0.5% 상승하면 주가에 그대로 반영되어 나타난다.

⑥ 프로그램 매매로 세력의 마음을 알 수 있다

프로그램 매매는 컴퓨터 프로그램에 의해 자동으로 매매하는 방식이다. 사람의 판단으로 매도, 매수 주문을 하는 것이 아니고 미리 설정해 둔 가격으로 컴퓨터가 자동으로 주문을 한다.

프로그램 매매는 개인투자자가 하기는 어렵고 세력은 시스템이 갖추어져 있어 편리하고 유리한 방식이다.

프로그램 매매는 차익거래(지수차익거래)와 비차익거래가 있다.

차익거래는 선물(先物)과 현물(現物)의 가격 차이를 이용하기에 시장의 방향이나 환경에 크게 좌우되지 않고 단기적으로 시세차익의 조건만 발생하면 이루어진다.

만기일 전에는 계속 사고팔며 거래하다가 만기일이 되면 선물과 현물의 가격이 같아진다. 만기일 전에 가격 차이가 있기 때문에 프로그램 매매가 이루어지면서 가격 차이가 줄어드는 것이다.

차익거래는 항상 현물을 기준으로 해석해야 한다.

매수차익거래는 비싼 선물을 팔고 싼 현물을 매수하여 차익을 남기는 것이고, 매도차익거래는 싼 선물을 매수하고 비싼 현물을 매도하여 차익을 남기는 것이다.

매수차익 거래의 예를 들어보자.

이 거래가 이루어지기 위해서는 항상 현물을 매수해서 이익을 남겨야 하므로 현물이 싸고 선물이 비싸야 한다.

예를 들면 매매 시점에서 삼성전자 선물가격이 2,000원이고 현물가격이 1,000원이면 매수차익 거래 조건이 되며 삼성전자 선물은 비싸니까 매도하고 현물이 싸니까 매수한다.

만기가 되면 삼성전자 주식을 사서 선물 청산을 한다.

이렇게 되면 선물포지션 매도에서 현물포지션 매수의 차이가 1,000원이므로 베이시스(시세 차이)는 양수가 된다.

프로그램 매매는 단기 매매할 때 필요한 수치이므로 너무 길게 보지 말고 만기일을 기준으로 보면 된다.

치트키 18 비차익 매도가 증가하면 기관과 외국인들이 주식을 팔고 있는 것이므로 긴장하며 지켜보라.

비차익 거래는 매매 시점에서 차익이 남지 않는 거래다.

비차익 거래는 선물과 연계하지 않고 현물만을 대상으로 한다. 즉 코스피 종목 가운데 15개 이상의 종목을 한 묶음으로 하여 미리 정한 조건에 도달하면 한 번에 모두 매도하거나 매수하여 이익을 챙기는 방식이다. 다수 종목을 묶어 한꺼번에 거래한다는 점에서 '바스켓 거래(Basket trade)'라고도 한다.

비차익거래는 시장 전망에 따라 매매가 이루어지는 것이다.

기관과 외국인이 프로그램으로 대량으로 매매하면 시장에 영향을 끼친다. 그러므로 비차익 프로그램 매매 동향을 주시하면 시장의 변동성을 예측할 수 있다.

프로그램 매매의 순기능과 역기능

순기능
- 시장에 새로운 정보가 유입되어 효율적인 가격으로 조정된다.

역기능
- 가격을 급변하게 하여 시장이 흔들릴 수 있다. 기관들의 영향력이 큰 다수의 종목으로 구성된 바스켓을 프로그램 매매로 한꺼번에 거래하면 주가가 출렁인다.
- 지수 영향력이 큰 20~30개의 주식집단을 대량으로 매매하므로 종합주가지수 급락 또는 급등하는 경우가 생긴다.
- 선물을 매도하고 현물을 매수해 놓고 이익 실현을 위해 선물을 매수하고 현물을 매도하면 가격이 급락하게 된다.

개인은 어떻게 대응해야 할까

먼저 전반적으로 당일 프로그램 매수·매도 현황을 보고 시장이 좋을지를 판단한다. 실시간으로 상황을 확정해서 판단할 수 있다.

개별 종목도 HTS에서 실시간으로 파악할 수 있으므로 매수·매도 결정에 도움을 받을 수 있다.

세력들은 시장이 상승할 것이라는 조건에 맞아 삼성전자를 10만 주 매수할 것을 정했으면 9시부터 특정 시간까지 10만 주를 프로그램에 의해 매수해 나간다.

우량주들은 아침 5~10분간 매수세로 확인되면 특이한 변동이 없는 한 그날 꾸준한 프로그램 매수세가 이어진다.

장 시작 이후 프로그램 매매 추이가 매수세라면 당일은 매수유입과 함께 상승 기조를 타게 된다. 개인은 이것을 보고 따라 사면 된다.

그러나 간혹 아침 초반 매도세를 유지하다가 급하게 포지션을 매수로 바꾸는 일도 있다. 유심히 지켜보다가 장중에 갑자기 태도를 바꾸면 놓치지 말고 대처해야 한다.

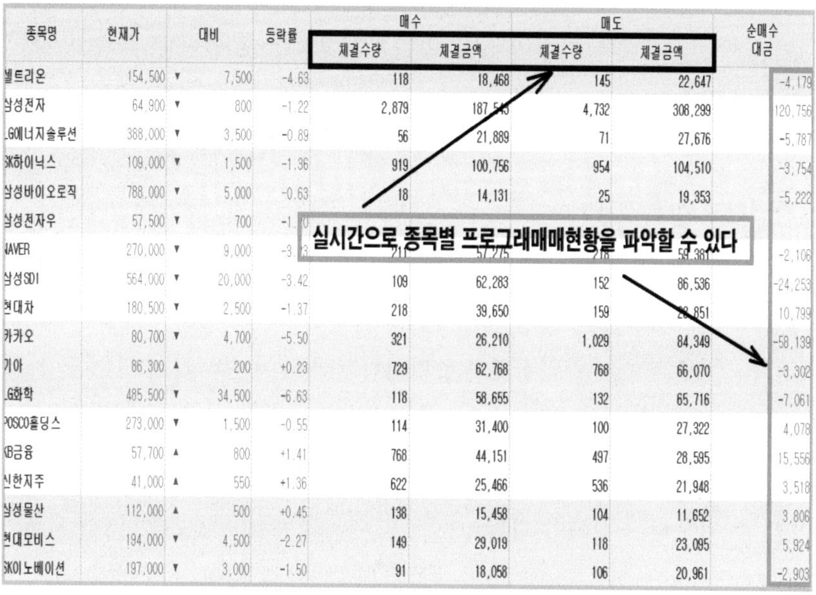

종목명	현재가		대비	등락률	매수		매도		순매수대금
					체결수량	체결금액	체결수량	체결금액	
셀트리온	154,500	▼	7,500	-4.63	118	18,468	145	22,647	-4,179
삼성전자	64,900	▼	800	-1.22	2,879	187,543	4,732	308,299	120,756
LG에너지솔루션	388,000	▼	3,500	-0.89	56	21,889	71	27,676	-5,787
SK하이닉스	109,000	▼	1,500	-1.36	919	100,756	954	104,510	-3,754
삼성바이오로직	788,000	▼	5,000	-0.63	18	14,131	25	19,353	-5,222
삼성전자우	57,500	▼	700						
NAVER	270,000	▼	9,000						-2,106
삼성SDI	564,000	▼	20,000	-3.42	109	62,283	152	86,536	-24,253
현대차	180,500	▼	2,500	-1.37	218	39,650	159	28,851	10,799
카카오	80,700	▼	4,700	-5.50	321	26,210	1,029	84,349	-58,139
기아	86,300	▲	200	+0.23	729	62,768	768	66,070	-3,302
LG화학	485,500	▼	34,500	-6.63	118	58,655	132	65,716	-7,061
POSCO홀딩스	273,000	▼	1,500	-0.55	114	31,400	100	27,322	4,078
KB금융	57,700	▲	800	+1.41	768	44,151	497	28,585	15,556
신한지주	41,000	▲	550	+1.36	622	25,466	536	21,948	3,518
삼성물산	112,000	▲	500	+0.45	138	15,458	104	11,652	3,806
현대모비스	194,000	▼	4,500	-2.27	149	29,019	118	23,095	5,924
SK이노베이션	197,000	▼	3,000	-1.50	91	18,058	106	20,961	-2,903

실시간으로 종목별 프로그래매매현황을 파악할 수 있다

(그림 2-8) 당일 종목별 프로그램 매매현황

저점 부근에서 매수세가 활발해지면서 일반인의 관심이 높아지고 자력으로 상승 모멘텀을 받는 종목인데 프로그램 매수도 강하게 들어온다면 금상첨화가 된다.

프로그램 매매는 실시간으로 현황을 알 수 있어 어떤 보조지표들보다도 유익하다.

프로그램 매매는 '차익잔고'를 봐야 한다

'차익잔고'란? 매수 후에 아직 매도하지 않은 물량을 말한다.

이것을 알려면 순매수가 플러스인지 마이너스인지 봐야 한다. 순매수가 플러스라면 매도보다 매수를 더 많이 했다는 것이고 순매수가 마이너스라면 매도금액이 더 많다는 것을 의미한다.

순매수 잔고가 너무 높거나 낮다면 차익거래 변동성을 조심해야 한다.

일반적으로 순매수 잔고가 높으면 만기일에 매물로 쏟아질 수 있어 주가가 내려갈 수 있으니 조심하라.

차익잔고의 특징은?

조정장으로 갈수록 매수 차익잔고는 점점 줄어들고 매도 차익잔고가 늘어난다.

하락장에서는 매도 차익잔고가 증가하다가 하락이 잠시 멈추면 매도 차익잔고가 감소하고 매수 잔고가 늘어난다.

상승장에서 매수 잔고가 갑자기 줄고 매도 잔고가 늘어나면 하락으로 돌아설 수 있으니 조심해야 한다.

프로그램 매매는 기관보다는 외국인의 영향력이 크다. 외국인이 많이 매수하여 주가를 이끄는 종목은 특히 프로그램 매매를 유심히 봐야 한다.

시총이 작은 종목일수록 프로그램 매매는 외국인들이 하는 것으로 보면 된다.

제 3장

시황이 종목보다
더 중요하다

"

밀물이 오면 배 띄우고 썰물이면 조개 줍는다
썰물에는 절대 배를 못 띄운다

"

1 경기변동의 파고를 타고 주가는 요동친다

농부는 봄, 여름, 가을, 겨울에 순응하여 농사를 짓는다. 경제도 마찬가지다. 경제활동 결과를 예측 가능한 순환 사이클이 있다.

농부처럼 자연에 순응하면서 투자하려면 지금이 어느 때인지 알고 투자를 해야 낭패를 보지 않는다. 겨울에 씨를 뿌리면 안된다.

농부와 반대개념인 유목민처럼 투자하는 경우도 있다. 좋은 목초지(종목)를 찾아 돌아다니면서 빠르게 이동하는 투자는 척박한 시절(시장 하락기)에 알맞다.

경기변동은 국민소득(GDP)의 장기추세선을 중심으로 상승과 하락을 반복하며 파동을 만든다. 각 구간의 기간은 10년 주기설이 가장 유력하다. 시장 사이클에 대해서는 하워드 막스의 《투자와 마켓사이클의 법칙(Master-

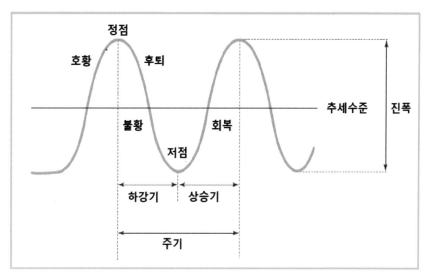

(그림 3-1) 경기변동 사이클

ing the Market Cycle)》(2018년)에 잘 나와 있다.

경기변동은 회복기, 활황기, 후퇴기, 침체기로 나뉜다.

- **회복기를 금융장세라 하기도 한다. 경기회복을 위해 금리를 낮추고 경기부양을 한다.**

정부에서는 건설, 토목에 대한 확장, 신사업 지원 등을 강화한다. 시장의 유동성이 풍부해지고 경기가 좋아지는 기미가 보이며 소비심리가 회복되며 건설, 증권, 은행 업종이 활기를 띤다. 경기민감주인 자동차와 부품, 건설, 식료품, 여행 등 실적이 상승한다.

- **활황기는 호황의 정점이며 소비심리가 커진다.**

돈이 풀리고 투자가 늘어남에 따라 실적기대감이 커진다.

인플레이션이 발생하고 주가는 최고점에 다다르고 부동산 가격은 최고가를 찍는다. 금리 인상 등 경기 완화 조치들이 시행되기 시작한다. 금리 인상은 경기를 죽이기 위함이 아니라 과도한 인플레이션을 방지하기 위함이기 때문에 악재는 아니다.

자동차, 반도체, 조선, 유통, 여행사 등 대부분 업종이 상승한다.

- **침체기는 역금융장세라고 하며 금리를 높이고 대출을 줄이는 시기다.**

소비심리가 얼어붙고 기업실적이 예상보다 낮아지는 경우도 많아 실망 매물이 나오면서 불황기가 찾아온다.

외국인 투자자의 투자자금 회수가 진행되며 부동산을 포함하여 주가도 하락한다. 금리가 오르면 기술주가 약세로 전환되고 경기방어주인 제약, 음식, 통신주 등이 경기가 안 좋아도 실적이 나빠지지 않는 기업이 잘 버틴다.

경기순환에 따른 주식투자 전략은?

치트키 19 돌발사태 때는 정책에 따라 장세가 움직이니 정책을 잘 살펴라.

　돌발적인 사태로 주식이 급격히 하락하면 강력한 정책변수에 의해 움직이는 장세가 된다. 2008년 금융위기와 2020년 코로나가 터지자 경기침체를 벗어나기 위해 미국을 비롯해 각국은 통화를 헬리콥터로 뿌려대는 것처럼 엄청 경기부양을 하자 유동성이 풍부해지면서 경기가 좋아지는 기미가 보였다.

실패하는 개미들의 투자 패턴은?

　회복기에 정부가 경기부양 조치를 내놓기 시작하면 탐욕이 강해진다. 금융기관에서 대출을 늘려 광란의 투자가 시작된다. 주가는 끊임없이 상승하며 브레이크 없는 맹목적 투자가 이어진다.

　그러다 침체기에 들어서면 주가가 하락하며 투자심리가 위축되고 사방에서 경계신호가 나타나지만 혹시나 하는 마음에 물타기로 마음을 달래면서 손실을 보고 매도하지 못한다.

　침체기에 흔하게 있는 불안한 뉴스가 터지면 보유한 주식을 너도나도 팔면서 시장은 패닉에 빠지고 손실은 눈덩이처럼 커진다.

현명한 투자자의 경기순환에 따른 투자전략은?

　이들은 주가는 각 경기 장세보다 항상 선행한다는 사실을 알고 한 발 앞선 투자를 한다. 회복기가 되면 주가 상승 기대가 높아져 준비한 투자금으로 저평가된 주식을 매수한다.

활황기에는 종목 회전율을 높이고 성장주, 경기민감주에 반복하여 재투자하고 90% 이상 투자금을 돌린다.

주가의 상승이 약해지고 경쟁력이 약한 주식이 먼저 하락하기 시작하면 침체기의 신호로 감지한다. 투자 포트에서 투자수익이 많은 것부터 회수하고 투자금 50%를 넘지 않는 선에서 실적주 위주로 보수적 단기 매매로 전환한다.

침체기가 되면 배당주 등 장기투자 종목을 제외하고 모두 투자금을 회수하고 20% 정도로 실적주 위주로 단기 매매 하며 회복기에 대비한다.

 침체기에 주식매입 적기를 포착하는 방법은?

침체기 때는 서서히 주가가 빠지기 때문에 어디가 최저점인지 알기 어렵다. 저점인 줄 알고 주식을 사면 한 번 더 내려가고 지하 몇 층까지 있는지 모른다.

일반적으로 침체기에서 주가가 돌아서는 터닝포인트는 FED(연방준비제도)의 금리가 10년물 국채금리를 돌파하는 시점이다.

이 때 FED(연방준비제도)는 금리를 다시 내리기 시작한다. 이 때가 주가 상승기로 접어드는 신호이니 잘 포착하여 적극적인 투자를 시작한다. 특히 기술주가 반등한다.

investing.com에서 검색하면 잘 나와있다.

또다른 신호는 시장에 충격이 생겨 정부가 개입할 때이다.

글로벌적 시각으로 국가부도 등 강한 사건이 터지거나 주식이 급격히 하락하여 서킷브레이크나 사이트카가 걸려 정부가 개입한다면 바로 이 때가 최저가에 매수할 수 있는 절호의 찬스다.

② FOMC를 알면 시장의 방향이 보인다

FOMC 의장은 주식시장을 흔드는 대통령이다

미국경제의 영향력은 세계적이다. 그 이유가 무엇인가.

바로 <u>페트로달러</u>(Petrodollar) 시스템 때문이다.

페트로달러

'석유산업'의 'petro' 약자와 'dollar'의 합성어로 '석유를 판매해 얻은 달러'를 의미하며 '달러로만 석유 대금을 결제할 수 있는 시스템'을 말한다.

FOMC

미국의 중앙은행인 연방준비제도이사회 산하에 있는 공개시장조작정책의 수립과 집행을 담당하는 기구다.

1971년 달러를 금으로 바꿔주었던 브레튼우즈 협정이 깨지면서 달러의 지위를 유지하기 위한 대안으로 키신저 외무장관에 의해 만들어진 시스템이다. 그 덕에 달러는 법정화폐에 불과하나 아직도 막강한 영향력을 발휘하고 있다.

연방공개시장위원회(<u>FOMC</u>, Federal Open Market Committee)에서 미국의 금리를 결정한다. 증권시장은 FOMC 회의가 열리는 때만 되면 환호성과 발작을 일으킨다. 이날은 주식을 하는 사람에게는 아주 중요한 날이다. 의장이 하는 말에 따라 천국과 지옥을 오간다.

그런데 참 이상하다. 객관적인 현실은 변하지 않는데 한 사람의 의견으로 주가가 움직인다는 것은 주식시장이 비이성적이라는 것을 단적으로 보여준다.

FOMC 의장은 미국 대통령보다 경제에 더 영향력이 있는 강력한 자리다.

전 의장이었던 그린스펀의 경우 어느 정도였냐 하면 그가 말하는 단어 하나로 증권시장이 폭등과 폭락했다.

입김 한 번 불면 날아가는 작은 개미는 미국에서 FOMC 회의가 열린 다음 날 주식시장의 결과를 지켜보며 시장 분위기를 파악하고 대응해야 한다. 매매 방법은 미리 예측하여 전날 미리 매수, 매도 하지 말고 결과를 보고 나서 움직여도 늦지 않는다. 방향을 잡으면 한 달 정도는 같은 방향으로 가기에 첫 날 결정하여 매매하면 된다.

FOMC 회의 결과, 단순히 금리를 올리면 주가가 떨어지고 금리를 내리면 주가가 올라가지는 않는다.

시장에서 예상을 기준으로 주가는 반응한다.

<u>시장에서 예상했던 것보다 더 많이 금리를 올리면 주가가 내려가고 예상치보다 금리를 내리면 주가가 올라간다.</u> 물론 단기적인 현상이며 큰 흐름을 거스를 수는 없다.

FOMC 회의는 1년에 8회 열린다. 대략 6~7주 간격으로 열리는 셈이다.

FOMC 의장의 성향에 따라 비둘기파, 매파로 분류하는데 비둘기파는 부드럽게, 매파는 강하게 시장을 대응하는 것을 말한다.

현재 의장인 제롬 파월은 중도파로 분류한다. 자기 소신이 있지 않고 그때그때 상황에 따라 매파와 비둘기파로 바뀌기에 투자자로서는 예측하기 어려운 상황에 놓인다. 그러니까 제롬 파월이 매파적 발언을 해서 주가가 떨어진다면 무조건 팔지말고 언제 또 바뀔지 모르기에 저가로 매수를 고려해 봐야 한다.

또한 파월은 경제학자가 아니고 법학자 출신이기에 무엇이든 지표를 확인한 후 움직인다. 그러니 투자도 선제적으로 하지 말고 확인후 해야 한다.

미국의 금리는 예측 가능한가

미국의 금리는 단기적으로 예측 가능하다. 시카고선물(先物)거래소의 FED Watch는 연방 금리 선물(先物)시장의 데이터를 바탕으로 금리변경 확률을 추정한다.

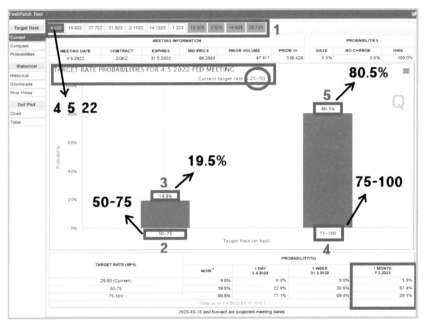

(그림 3-2) FED Watch 화면으로 보는 금리정책 예상

FED Watch

구글에 'FED Watch' 검색어를 입력하고 'CME FedWatch 도구'를 클릭하면 사이트에 들어갈 수 있다.

위 (그림)은 시카고선물(先物)거래소의 'FED Watch'는 연방금리 선물(先物)시장의 데이터를 나타낸 것이다.

FED Watch는 시장참가자들의 금리 인상 예상치를 확률로 나타낸 것으로 대체로 FOMC의 결정과 일치한다.

가끔 예상을 넘어 큰 폭의 인상이 단행될 때도 있다. 여기서 확률로 나타낸 시장의 전망을 체크 할 수 있다.

상단 빨간박스에 1로 표시된 박스 안에는 앞으로 있을 FOMC 일정을 나타내는데 '4 5 22'라 표시된 숫자는 2022년 5월 4일에 회의가 개최될 것이고 그날 금리인상폭이 어느 정도 될 것인지를 예측한 것이다.

숫자 2로 표시된 빨간 박스 안에는 50~70 이라는 숫자가 있는데 50bp(1bp=0.01%)는 0.5%, 70bp는 0.7%이므로 금리를 0.5%~0.7%로 올릴 확률을 나타낸다.

숫자 3의 박스엔 19.5%이므로 2, 3을 종합해 해석하면 금리를 0.5%~0.7%로 올릴 확률이 19.5%라고 예측한다. 같은 방법으로 숫자 4, 5 부분을 해석하면 금리를 0.75%~1%로 올릴 확률이 80.5%라는 말이다.

이와 같은 방법으로 연중 FED회의 목표금리를 예측할 수 있다.

> **치트키 20**   **금리 인상은 실질금리의 마이너스 유지냐의 여부를 보고 판단하라.**

단순히 올라간 숫자만 보는 것은 명목 금리다. 실제 금리는 명목금리에서 물가상승률을 빼야 한다.

예를 들면 현재 금리가 3%인데 물가상승률은 2%라면 실질 금리는 1%이다.

실질금리

실질금리 = 명목 금리 - 물가 상승률

③ 금리는 주식을 춤추게 한다

치트키 21
금리는 코브라를 움직이는 피리 소리와 같으니 금리를
보고 매매하라.

금리는 시장의 바람을 결정하는 요인 중 하나이므로 받아들이고 대처해
야 한다.

(그림 3-3) 미 금리 인상 발표와 다우존스 글로벌 지수 주가 흐름

위 (그림)은 미국 중앙은행 총재의 큰 폭의 금리 인상 필요성에 대한 발표
가 나자 주가가 폭락한 모습을 보여 준다.

테슬라가 시장을 깜짝 놀라게 한 좋은 실적을 내놨는데도 분위기를 반전
시키지 못했다. 이어 한국을 비롯한 유럽, 아시아 시장이 급락했다. 금리가
시장에 미치는 영향을 보여 준 사례다.

금리가 오르면 반드시 주가는 떨어질까?

대체로 일반적인 현상을 보면 맞는 말이다.

금리를 올리면 돈이 높은 금리를 따라 은행으로 들어가게 된다. 주식시장에 있는 돈이 빠져나가 주가가 약세를 보일 수밖에 없다.

글로벌하게 볼 필요도 있다. 한국이 금리를 올리면 외국자본의 국내 유입이 빨라지고 기존에 있던 자금도 머무르려 한다.

미국 금리가 오르는데 상대적으로 한국이 금리가 낮다면 돈이 미국 시장으로 빠져나갈 수 있다. 금리 차이가 크고 경기침체가 길게 이어진다면 달러 고갈로 국가 파산까지 올 수 있다.

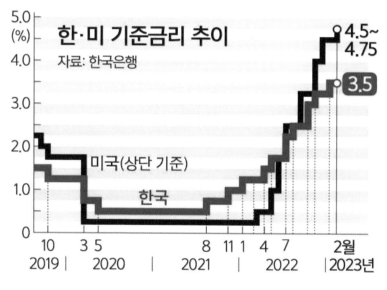

(그림 3-4) 한국과 미국 기준금리

위 (그림)에서와 같이 양국의 금리차가 그렇게 크지 않거나 미국 금리보다 한국이 높은 추세를 유지한다면 국내 시장은 영향이 없다.

주가를 결정하는 것은 금리만이 아니다

밸류에이션
애널리스트가 현재 기업가치를 판단해 적정 주가를 산정해 내는 기업가치평가다.

주가에 영향을 미치는 요소는 천차만별이다.

경제성장, 금리, 기업실적, 투자 심리, 미래 성장성, 밸류에이션 등을 균형 있게 봐야 한다.

개별기업의 성장, 경제성장, 물가 등 주가 변동 요인은 여러 가지다. 따라서 금리와 주가는 불변의 법칙처럼 100% 연동되지 않는다. 예외도 있다.

실제로 미국 금리가 17번 연속으로 올랐던 2004년부터 2년간 주가는 우상향으로 40% 꾸준한 상승을 보였다.

반대로 2000년부터 금리가 꺾이면서 주가도 동반 하락한 때도 있다.

단기와 장기, 경제환경 등을 종합적으로 고려해 각 케이스 별로 판단을 다르게 해야 한다.

자산시장
자산시장은 자본시장, 부동산시장 외 돈이 거래되는 모든 시장을 말하며 자본시장은 증권, 파생상품 시장을 의미한다.

예를 들어 경제성장이 크면 자산시장에서 얻는 기대수익이 커지므로 고금리라도 상대적으로 주식수익보다 작은 금리 상승은 무시된다.

즉 금리가 오르는 만큼 성장이 받쳐주면 문제되지 않는다.

너무 금리가 높은 것으로 판단하여 금리를 내리면 일시적으로 성장이 더 커져서 주가가 상승한다.

성장하더라도 주식 기대수익률이 금리보다 적으면 시장이 위축된다.

성장이 멈추거나 IT 버블, 911테러 등으로 시장이 무너지면 금리가 내려도 주가는 일시적으로 내려간다.

금리와 경기의 상대성 가변의 법칙

금리가 오를 때 경기침체면 주가가 내려가고 경기가 성장하면 주가가 오른다

금리가 올랐을 때 성장이 멈추거나 위축된다면 금리부담을 자산 가격이 버티지 못하고 주가가 하락한다.

자산시장이 돌발 사태로 위축되었다가 회복할 때 금리를 누르고 있으면 자산시장은 회복이 더 빠르게 진행이 되면서 올라간다.

반대로 자산시장이 상승하고 있을 때 돌발 위기가 어느 정도 사라지면 금리 인상의 압력이 커지게 되며 그때는 자산시장의 긴장 요인이 된다.

금리가 오를 때 부실기업이나 한계기업은 버티기 힘들어 실적이 눈에 보이는 성장주가 가치주보다 선호될 수 있다.

금리가 올라가면 어떤 주식을 사야 하나?

고금리 시대에는 금리를 이기는 주식을 사야 한다. 즉 시장 금리가 5%라면 5% 이상의 영업이익율이 나오는 주식을 사야 한다. 은행에 넣어도 5%를 주는데 5% 이하의 영업이익율의 주식은 매력이 없다.

이 원칙은 기본적인 것이지만 절대적인 것은 아니다.

현재 영업이익율이 4%이지만 앞으로 6%로 높아질 것으로 예상되면 그 주식은 매수해도 좋다. 주식은 현재보다 미래가 더 중요하기에 항상 미래예측(컨센서스)을 확인해야 한다.

주식과 예금은 기본적으로 성격이 다르다. 예금은 안정성을 추구하지만 주식은 변동성과 시세차익을 추구하기에 현재 매력이 없어보이더라도 변동이 나올지 예측이 중요하다

④ 체감경기가 안 좋은데 왜 주가는 상승하나

금리와 경기사이클의 관계는?

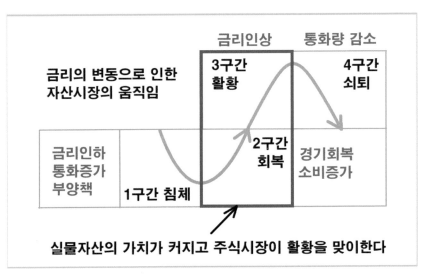

(그림 3-5) 금리와 경제 사이클

위 (그림)의 **1구간**은 **침체시기다.**

경제가 경색되면 소비가 줄고 물가가 하락한다. 소비가 줄면 생산이 축소되고 고용이 줄어 수요가 위축되는 경기불황기가 반복된다.

구간 2(회복기)와 3(활황기). 불황을 벗어나기 위해 정부의 역할이 커지게 되고 돈을 많이 돌게 하는 부양책이 동원된다. 금리를 낮추고 지원금 등을 지급하여 통화량을 늘린다.

그러면 소비가 증가하고 고용이 늘고 개인도 수입이 증가하여 와 돈을 쓰게 되어 불황에서 빠져나오게 된다.

이때는 돈의 가치가 줄어들고(인플레이션) 상대적으로 실물자산의 가치가 커지게 된다. 부동산, 원자재, 금, 은, 주식, 달러, 코인 등의 자산에 대한 수요가 몰리면서 가격이 상승하게 된다.

구간 4(경기쇠퇴).

경기가 살아나고 활황이 되면 과열된 경기를 진정시키고 인플레이션을 누르기 위해 금리를 인상하게 된다.

금리가 인상되면 은행에서 돈을 빌리는 경우가 적어져 통화량이 줄어들고 소비가 줄고 가격이 하락하며 수요가 감소해 과열된 경제가 안정된다.

금리 인상으로 돈의 가치가 커지고 물건을 더 많이 살 수 있게 되며 그만큼 자산의 가치가 떨어지게 된다.

이때는 부동산, 주식 등의 자산보다 예금이나 채권이 선호된다.

현상 : 경기는 안 좋은데 주가가 계속 올라간다?

치트키 22 | **체감경기는 투자심리를 자극하는 선행지표이니 실물경기만으로 판단하지 말라.**

경기가 안좋으면 주가가 위축되어야 할 것 같은데 오히려 급등하는 경우다. 상황은 나아진 것이 없지만 미래에 더 좋아질 것이라고 예상하면 체감경기는 좋아지고 주가가 활기를 띤다.

경기가 나빠도 지나치게 낮은 금리로 자금조달 비용이 낮아진 덕에 주식시장에 자금이 넘친다.

또 더 이상 나빠질 일이 없다는 한계상황일 때 조금만 좋은 이슈가 나와도 상태가 호전된다.

(그림 3-6) 코로나 피해 관련주 주가 흐름

위 (그림)은 코로나 사태로 자영업의 몰락, 여행 및 항공사의 구조조정, 기업의 경영기반이 최악임에도 관련 주가는 오히려 상승하는 모습이다. 해당 업종의 주가는 하락 후 반등 폭이 예상과 다르게 견고하게 움직이고 있다.

체감경기만으로 시장을 판단하면 안 되며 상황마다 시장에 영향을 주는 팩트가 달라 그 원인을 정확하게 집어내야 한다.

코로나 이후 상식과 다르게 간 이유는?

1) 통화량의 증가 때문이다.

 각국의 정부는 대규모 부양책을 동원해 충격에 빠진 경제를 살리기 위해 노력했다.

 금리를 내리고 재정지출을 늘리고 양적완화를 지속적으로 한 결과 유동성이 풍부해지면서 주식시장으로 자금이 대규모로 들어와 주가가 상승하게 된 것이다.

2) 대형기업의 분발로 인한 시장의 상승 때문이다.

 코로나로 인한 피해는 중소기업과 소상공인이 더 크다. 소비가 위축되고 매출이 감소하는 충격이 더 클 수밖에 없다.

 반면에 시장지배력이 큰 대기업의 경우 오히려 이익이 늘었다.

 특히 특정 업황의 성장으로 인한 시가총액 증가가 두드러졌다.

 테슬라나 2차전지, 자율주행, 드론, 화학업종은 코로나로 인한 위기와 무관하게 계속 성장을 하고 있다.

 코로나로 인한 반사 이익을 누린 업종의 두각도 한몫했다.

 코로나 진단키드, 치료제 관련주, 언택트 업종인 애플, 아마존, 삼성전자, 카카오, 네이버, 엔씨소프트 등의 시가총액이 늘어났다.

 비대면 관련 주식도 크게 상승했다. 원격진료, 게임, 메타버스, 전자결재 등이 그것이다.

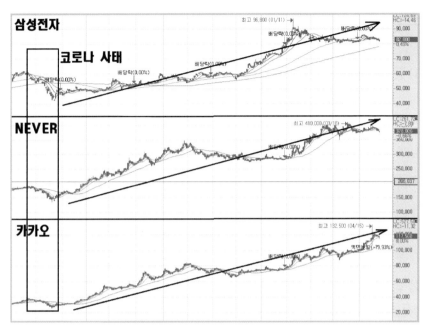

(그림 3-7) 코로나 이후 언텍트 업종의 상승

3) 미래가치의 선반영 때문이다.

경기에 선행하는 주식시장은 코로나로 인한 갑작스런 충격에 사후적으로 반영되었고 급락한 주가는 바로 가격이 싸졌다는 장점이 있었고 미래가치의 기대감으로 크게 상승했다.

코로나 이후 앤더믹 상황에 대한 기대감과 코로나의 위기가 해소될 것이라는 믿음, 전기차, 반도체 슈퍼사이클 전망에 따라 경기침체에도 오히려 주가 상승을 가져왔다.

유동성 장세, 실적장세의 투자전략

유동성 장세의 특징

유동성이란 돈이 시장에 많이 풀려 자금이 넘쳐흐르는 것을 말한다. 시장에 유동성이 풍부해지면 주가가 상승한다. 유동성 장세는 실적과 상관없이 주식을 사려는 자금의 힘으로 오른다. 이를 금융장세라고도 한다. 이때 주식투자 대기 자금인 고객예탁금이 급증한다.

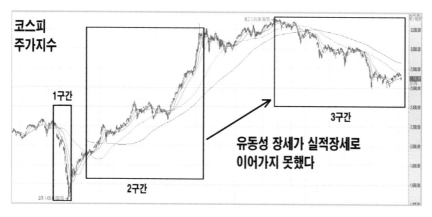

(그림 3-8) 유동성장세의 주가 흐름

위 (그림)은 유동성 장세의 주가 추이를 나타낸 것이다.

1구간은 증권시장이 폭락한 때이다.

경기침체 국면이 본격화되면 시장이 위축되고 기업의 투자는 줄고 매출이 줄어 수익은 떨어진다. 이때 주가는 하락하게 된다.

그런데 반대로 침체가 계속된 2구간에서는 저점을 지나 꾸준하게 주가지수가 상승했다. 왜 그럴까.

경제위기 극복을 위해 미국을 비롯한 각국의 정부에서 금리 인하와 부양책으로 통화량을 발행한 덕이다. 돈이 넘쳐나는데 마땅한 투자처를 찾지 못한 자금이 증권시장에 들어오면서 폭등했다.

유동성 장세의 가장 큰 특징은?

- 주가가 단기간에 큰 폭으로 상승한다. 돈의 힘으로 주가를 올리는 장세이기 때문에 모든 종목이 전반적으로 고르게 오르는 모습을 보인다.

- 강한 유동성 시장에서는 일단 테마주, 우량주, 트랜드가 강한 주식으로 관심과 돈이 집중되는 경향이 많다.

우선 투자자의 관심은 위기를 초래한 원인을 치유할 수 있는 테마주에 쏠린다. 코로나때 바이오, 언텍트 관련주가 급등한다. 이어 위기에도 실적이 좋은 성장주, 가치주가 뒤따라 상승한다.

- 기업 내용보다 낙폭이 과대했던 종목을 중심으로 관심이 몰린다.

이때 소외주가 나타날 수 있다. 실적도 좋고 업황이 나쁘지 않은데 상승세를 타지 못하고 지지부진한 종목이 있다.

다른 좋은 종목이 많아서 매수세가 그쪽으로 일시적으로 쏠린 경우다. 양극화가 뚜렷하게 나타나는 때다. 그러나 기업의 기초가 탄탄하다면 오래되지 않아 관심이 돌아온다.

유동성 장세의 투자전략은?

치트키 23	유동성 장세의 원인이 정상적인 경기변동 사이클에 따른 불황이라면 경기회복 관련 종목을 투자하라.

유동성 장세의 원인이 사이클에 의한 불황일 때 경기회복과 관련된 종목이 좋은 이유는?

지금 당장은 안 좋더라도 금융시장이 회복되고 수요가 늘면서 소비가 살아나면 앞으로 기업 실적이 좋아지기 때문이다. 이때 자동차·화학·정유 등으로 대표되는 실적주들은 이익과 주가가 동반 상승한다.

중간재인 화학제품 수요도 증가하면서 관련 기업들의 실적이 급증하며 주가가 좋아진다.

위기로 인해 파산과 구조조정 와중에 살아남아 턴어라운드 하는 종목도 주목할 필요가 있다.

반면에 유동성 장세의 원인이 금융위기 또는 팬데믹 등으로 인한 경우는 위기 원인에 대한 수혜주 중심으로 투자한다.

실적장세의 특징

유동성 장세 이후 실적의 힘으로 상승하는 장을 '실적장세'라고 한다. 시장이 상승을 이어가기 위해서는 기업들의 실적이 개선되는 흐름이 나와야 한다. 경기회복이 나타나면 더 좋다.

기업실적이 회복되면서 흑자로 전환하는 기업이 많아지는 단계이다. 실적장세의 상승이 지속되면 일반적으로 대세 상승기를 맞는다.

하지만 그렇게 되지 않는 경우도 많다.

오히려 통화량의 지나친 증가에 따라 인플레이션 발생이 우려되면서 각국 정부가 금리를 올리고 부양책을 축소하는 등 시장이 위축되기도 한다.

실적장세의 투자전략은?

실적장세는 유동성 장세와 달리 돈의 힘보다는 기업들의 실적을 기반으로 상승하는 장세이기 때문에 상승하는 기업은 소수다. 그래서 어렵다.

실적장세가 시작되면 컨센서스 추정치를 보며 앞으로 실적이 증가할 것으로 예상되는 기업을 선별해야 한다.

 컨센서스는 절대치보다는 상대치가 더 중요하다.

즉 순이익이 가장 크게 증가하는 절대치 종목보다는 지난 분기보다 계속 상승하는 상대치가 높은 기업에 투자하는 것이 좋다.

예를 들어 어떤 종목의 컨센서스 순이익이 1,000억 증가라는 수치는 다음 분기에서는 500억원으로 내려갈 수 있기에 일시적인 최고치일 수 있고 상승추세는 아니다.

그러나 지난 분기 순이익인 500억보다 계속 100억씩 오르며 600억, 700억이라면 상승추세를 타고 있는 것이다.

이렇게 상승추세를 타는 컨센서스를 가진 종목을 투자하라.

컨센서스가 지금보다 상승하는 종목은 앞으로 더 좋아질 확률이 높기에 안전하다.

⑥ 양적완화와 긴축 시대, 가변의 투자법칙

양적완화의 역사와 과정

돈과 화폐(Currency)는 다른 개념이다.

돈은 가치가 보장된 교환수단이지만 화폐는 가치가 보장되지 않지만 교환 매체로 '가치 있는 어떤 것'을 교환수단으로 쓰는 것이다.

대표적인 돈은 금, 은이다. 화폐가 돈의 기능을 유지하기 위해서는 화폐를 금과 교환할 수 있어야 한다.

돈과 화폐가 결별한 계기는 1971년 닉슨 대통령의 금태환 포기선언이다. 정부의 필요에 따라 화폐를 과도하게 찍다 보니 1온스당 35달러로 교환되던 시스템을 유지할 수 없었다. 화폐가 돈의 기능을 제대로 할 수 없는 시대가 된 것이다. 이로써 어떤 화폐도 금이나 가치 있는 것으로 보증되지 않는 '명목화폐' 시스템이 정착되었다.

돈의 본질가치 기능은 사라졌고 이제 화폐로서 법정통화에 대한 신뢰를 잃어버리는 순간 돈은 휴지가 되는 처지가 되었다.

주목해야 할 것은 지폐가 어떤 것으로도 보증되지 않음에도 각국은 무제한의 화폐를 찍어내고 있다는 것이다.

양적완화란 중앙은행이 직접 돈을 찍어내거나 지원금 등으로 통화를 늘리는 행위다. 한마디로 말하면 질(質)보다 양(量)으로 밀어붙이는 것이다.

금리가 제로일 때 대안으로 선택하는 경기부양책이기도 하다.

미국의 경우 2008년 금융위기 때 2차례, 2012년에 1차례, 그리고 2020년 코로나 사태로 시행되었다.

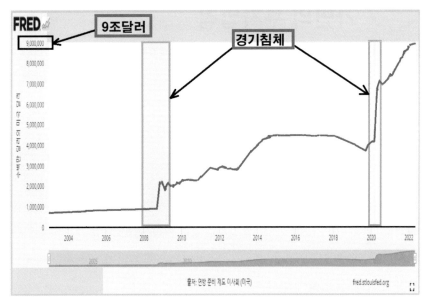

(그림 3-9) 미 연준의 자산규모 그래프

위 (그림)은 미 연준의 자산규모 증가 수준을 나타내고 있다.

테이퍼링(Tapering)

연방준비제도(Fed)가 양적완화 정책의 규모를 점진적으로 축소해나가는 것으로 출구전략의 일종이다.

경기부양 효과가 생겼다고 판단하면 양적완화 정책을 점진적으로 축소하는 테이퍼링(Tapering)을 한다.

통화량의 증가는 화폐가치의 하락과 인플에이션을 가져온다. 따라서 부동산이나 주가 상승의 계기가 되며 소비심리가 살아나게 된다.

자국 화폐가치도 덩달아 하락하게 되어 수출경쟁력이 높아지며 실업률이 하락하고 경제성장률이 높아진다.

양적완화의 부작용

1) 인플레이션이 커지고 환율전쟁으로 무역 갈등이 깊어진다.

　한국도 코로나로 금융시장 불안을 해소하고 실물경제의 위험을 막기 위해 양적완화를 시행했다. 정부는 재난지원금 등의 이름으로 엄청난 돈을 시중에 뿌렸고 금리 인하를 통해 시중으로 자금을 흘러가도록 했다. 그 결과 돈이 넘쳐 인플레이션이 발생한다.

　인플레이션이 발생하면 예금자가 손해를 본다. 원금과 이자를 찾아도 인플레이션으로 오른 가치를 따라가지 못하게 되니 상대적 구매력이 약화 된다.

　국채를 발행한 정부는 줄어든 가치만큼 원금과 이자를 갚게 되니 이익이다. 반면에 발생한 인플레이션 효과는 고스란히 국민의 몫이 된다. 인플레이션 비용만큼 국민은 보이지 않는 세금을 내고 있는 것이다. 사고는 정부가 치고 국민이 수습하는 형국이다.

2) 서민이 피해를 본다.

　예일대 경제학과 어빙피셔 교수는 '통화량과 자산의 가격은 비례한다'라고 말한다. 시장에서 통화량이 증가하면 그만큼 자산 가격이 상승하게 되어 인플레이션이 가속화된다.

　물가 불안은 생필품 가격상승으로 이어진다. 서민은 전세나 월세로 살게 되고 임대료가 올라 부담이 커진다.

양적완화 시대의 투자법

매수, 매도 시기는 언제?

양적완화 초기에 주식을 사고 지원금이 중단되기 직전, 금리가 오르는 초기에 주식을 팔아 빠져나오는 것이 좋다. 금리가 오르면 주식시장에서 자금이 빠져나가 은행이나 다른 상품으로 자금이 이동하기 때문이다.

어디에 투자해야 하나?

미국이 곧 망할 거라고 예견하고 싱가포르로 이주한 짐 로저스 같은 투자자도 있지만 아직은 미국이 패권 국가이다.

한국의 주식시장은 세력들의 놀이터라 변동성이 크다. 올랐다 내렸다 반복하면서 그 차이를 먹는 시장이기에 빠르고 지속적인 우상향은 힘들다. 변동성을 활용해 수익을 내려면 한국시장이 알맞고 지속적인 우상향을 바란다면 미국 시장이 알맞다.

미국 주식도 분산 차원에서 가지고 있는 것이 좋은데 미국 주식을 직접 투자하기 어려우면 성장주를 담은 나스닥 관련 ETF를 사는 것도 좋다.

양적긴축 시대의 투자법

어느 정도 시장이 진정되었다고 생각하면 돈을 다시 거두어들이는 긴축을 한다. 그럼 주가는 하락할까, 상승할까?

미래를 예측하기 위해서는 과거를 보자.

2017년 10월에 옐런 미국 연준 의장이 양적 긴축을 발표했다. 이때 미국 시장과 한국 시장은 다른 모습이 나타났다.

(그림 3-10) 한국 코스피(위)와 미국 다우존스(아래) 비교 차트

한국 코스피(위 차트)는 당시 일시적으로 올랐다가 2년 동안 대세 하락했다. 반면에 미국 다우존스(아래 차트)는 초반에는 오르다가 등락을 반복하며 2년 동안 상승했다.

노란 선은 양적긴축을 발표한 2018년 10월이다.

미국(아래차트)은 경제가 살아나서 투자자가 많이 참여하여 시장이 올랐다. 반면 한국 시장(위차트)은 변동성이 심했고 채권 수익률이 높아 그쪽으로 자금이 나간 것으로 진단한다.

이렇게 다른 이유는 긴축 외에 다른 요인이 더 강하게 작용했기 때문이다.

가장 큰 이유는 미중 무역분쟁으로 한국이 피해를 보고 미국이 이익을 보았기 때문이다. 우리의 수출 비중이 가장 높은 나라가 중국이기 때문에 우리는 고래 싸움에 새우등 터지듯 가만히 앉아서 당한 것이다.

미국은 중국과의 무역분쟁에서 유리한 상황이 되었고 이득을 보았다. 이처럼 긴축 정책 하나만으로 주가가 움직인 것은 아니기에 다른 영향력이 큰 정세를 살피는 것이 중요하다.

그럼 2021년 긴축에는 어떻게 되었나?

2022년 1월부터 미국은 테이퍼링을 하겠다고 발표하자 주가는 하락하기 시작했다.

한국은 6개월 전인 2021년 6월에 꼭지를 찍고 하락하기 시작했다.(그림 3-10에서 초록색)

미국은 뒤늦게 하락하는데(그림 3-10에서 주황색) 거의 모든 면에서 한국이 미국보다 빠른 반응이 나타나는 것이 특징이다.

이때는 별다른 변수 요인이 없어 긴축 하나만으로 주가가 움직인 것이다. 이것으로 알 수 있는 것은 기본적으로 긴축을 하면 주가는 하락을 면치 못한다.

이때의 투자 전략은 투자금을 축소하거나 쉬는 것이다. 대세 하락구간에는 우량주식도 빠지고 대부분의 주식이 하락한다.

굳이 하겠다면 실적이 잘 나오는 기업을 중심으로 단기 매매를 하는 것이 좋다.

⑦ 시장을 이기는 투자를 하는 방법

　아무리 좋은 주식도 시장이 폭락하면 같이 하락한다. 시장이 투자심리에 엄청난 영향을 미친다는 말이다.

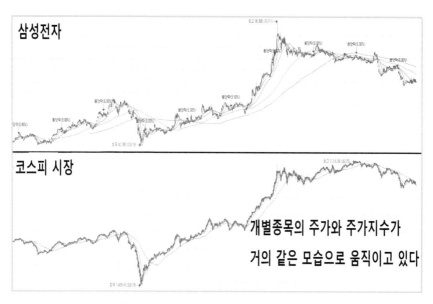

(그림 3-11) 삼성전자 주가와 시장의 흐름

　위 (그림)은 대형 우량주 삼성전자(위)의 가격 흐름과 코스피 시장(아래)의 흐름을 비교한 것이다. 둘은 거의 같은 방향으로 움직이며 깊은 동조화 현상을 보여 준다. 종목의 호재나 특별한 사유가 아니면 대부분 우량주가 예외 없이 시장 동조화 현상을 따른다.

　시장의 흐름과 무관하게 우상향한다면 시장을 이기는 종목이다.

돈을 시장에서 거두어들일 때(긴축) 수혜를 보는 업종은?

(그림 3-12) 코스피와 KB금융 주봉 차트

긴축 시기에 수혜를 보는 업종은 은행, 보험 등 금융업종이다. 왜냐하면 긴축시에 금리 인상으로 이자율이 올라가므로 은행, 보험업종이 유리하다.

위 (그림)에서 위쪽은 코스피 시장 주봉 차트이고 아래는 KB금융 주봉 차트이다. 2021년 7월부터 2022년 6월까지 시장은 20~30% 떨어졌지만 KB금융은 떨어지지 않고 오히려 올라갔다.

다른 금융주인 신한 지주, 하나금융지주, 우리금융지주도 떨어지지 않았다. 특히 메리츠화재는 대폭 올랐다.

업황이 좋고 수급이 들어오는 업종을 찾아라

치트키 24 시장이 떨어지더라도 종목이 올라가는 이유는 업황이 좋기 때문이니 업황을 잘 살펴라.

업황을 파악하여 호황을 예상하면 시장을 이길 수 있다.
PCB기판(컴퓨터 메인보드) 산업이 그중 하나다.

(그림 3-13) PCB기판 관련주와 코스피 일봉 차트

위 차트는 위에서부터 이수페타시스, 심텍, 대덕전자 차트다. 제일 아래
코스피시장은 하락하는데 거꾸로 위 3종목은 상승하고 있다. 시장이 본격
적으로 하락하는 2021년 8월부터 거의 1년 가까이 오르고 있다. 그 이유
가 무엇인가.

비트코인 등 가상화폐를 채굴하려면 수많은 서버컴퓨터가 필요하다. 또한 아마존 등의 클라우드 서비스가 증가하면서 서버컴퓨터의 수요는 기하급수적으로 늘어나고 있다. 여기에 메모리 규격이 DDR5로 교체되면서 컴퓨터 기판도 교체할 수밖에 없다. 인공지능(AI)과 머신러닝(ML)을 사용하려면 고속데이터 처리가 필요하여 데이터센터가 늘어나고, 슈퍼컴퓨터가 필요해진 것이다. 이러한 배경으로 PCB기판(컴퓨터 메인보드) 산업은 구조적으로 성장이 예측되어 시장을 이기며 상승했다.

PCB 기판사업은 대규모 투자를 해야 하는 장치 산업이기에 아무나 진입하기가 어렵다. 이런 점도 작용하여 PCB 기판사업 주가는 시장이 하락과는 상관없이 오히려 오르게 된 것이다.

물론 사이클 산업이기에 지속적인 우상향보다는 다시 내려갔다가 올라갈 것이다.

파생상품은 개인이 시장을 이기는 방법일까?

시장하락에 베팅하는 파생상품(곱버스, 선물, 옵션, 스왑), 인버스, 공매도 등은 시장과 종목의 **가격 위험을 없애기 위한 것**(헷지)인데 오히려 가격변동 차이를 이용해서 수익을 보려는 세력이 있다.

인버스는 주식시장 하락에 대비해 만들어진 상품으로 해당 지수의 가격이 내려가야 이익이 발생하는 상품이다.

대표적으로 〈KODEX 인버스〉, 〈TIGER 인버스〉가 있다.

이것은 바람직한 투자로 정착을 해야 하지만 시장을 인위적으로 움직여 수익을 보려는 행태로 변형되고 있다. 개별 주가를 원하는 방향으로 조절하는 힘이 있는 기관과 외국인이 즐겨 쓰고 있다.

실제로 미국의 유명한 투자자들도 가격하락의 상품에 '몰빵'하고 자기의 영향력을 동원해 시장하락을 조장하는 사례도 많다.

큰 자금으로 매수 유인, 악의적인 가격하락 매매, 의도적인 투자리포트, 여론 조작 등 시장을 왜곡시키는 불건전 관행의 원인이 되고 있다.

진정 시장을 이기는 투자는 무엇인가

일반적으로 '시장을 이기는 투자자는 없다', '시장을 예측하는 것은 신의 영역이다'란 격언이 있다. 그만큼 시장을 예측하는 것이 어렵고 불가사한 영역임을 인정하는 것이 중요하다.

1) 시장에 끌려다니면 안 된다.

객관화된 지표나 차트를 보며 투자자의 심리를 읽음으로써 대응할 수 있다.

예를 들어 시장이 좋은데 개별 종목이 오르지 않는다면?

매수를 자극함에도 사지 않는다는 것으로 투자하기 나쁜 종목이다.

시장이 나쁜데 꾸준히 상승하는 종목은?

더 상승할 여지가 있다. 시장이 좋아지면 다른 종목보다 더 빨리 더 크게 상승한다.

시장이 폭락하는데 잘 버티고 있다면?

크게 갈 수 있는 종목이다. 공포스런 상황에도 파는 사람이 없다는 것으로 시장이 좋아지면 매수가 조금만 들어와도 크게 상승할 수 있다.

시장이 내리면 팔고 시장이 오르면 파는 행태에서 벗어나 시장 대비 개별 종목의 움직임에 다라 대처하는 것이 좋다

2) 시장의 변동에 맞는 투자전략을 짜야 한다.

대세 상승기의 매매법

저점을 찍고 매수 세력이 강해지면서 상승하는 시점에는 거의 모든 종목이 상승한다.

시장이 하락할 때 잘 버틴 종목 위주로 순환매매를 하면서 수익을 크게 낼 수 있다.

반면에 대세 상승기를 지나 고점에서 상승은 유지하고 있으나 위축되고 있는 시점이 있다.

많이 오른 종목은 더 올라갈 수 있는 여력이 있더라도 전처럼 강하게 올라가지 못하므로 매도는 하되 신규 매수는 삼가야 한다.

욕심내지 말고 기존 수익 종목을 정리하여 하락장에 대비한다.

대세 하락기의 매매법

모든 종목이 하락하거나 조정을 거치는 경우, 우량주가 아니라면 시장을 못 이기므로 손절을 각오하고 매도하여 현금을 확보한다.

시장이 어느 정도 빠지면 저점을 찍는다.

저점 확인 방법은? 차트에서는 쌍바닥이 나올 때, 시장 상황으로는 쇼크가 터져 모두 패닉에 빠질 때, 고점대비 20~35% 정도 빠졌을 때이다.

종목도 저점을 찍으면서 시장대비 강하게 버텼던 종목 순서대로 올라오기 시작한다. 이른바 회복기다.

동종 업계에서 다 망해도 잘 버틴 종목은 결국 승자독식을 하므로 경쟁자가 없어진 종목은 크게 오를 수 있다. 이런 종목 위주로 분할로 매수한다.

밸류체인(가치사슬)을 알면 주가를 예측할 수 있다

가치사슬(value chain)이란 같은 산업에서 원자재 조달부터 생산, 판매까지 서로 다른 부문들이 서로 연계되어 새로운 가치를 창출하는 구조다.

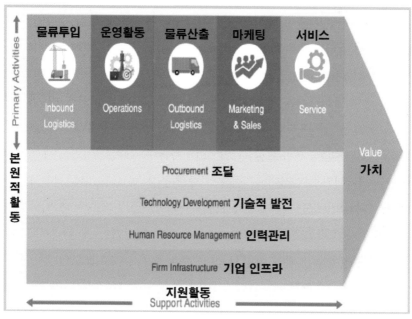

(그림 3-14) 마이클 포터 교수의 가치사슬 모델

위 (그림)은 마이클 포터 교수의 가치사슬 모델이다.

가치사슬을 잘 분석하면 상품 및 서비스를 위한 가치의 마진을 파악할 수 있다. 확장하여 원자재 수급, 수요·공급 사슬, 고객 관계 등이 포함될 수 있다.

가치사슬을 알면 주가의 향방을 알 수 있다

가치사슬을 알면 기업분석이 쉽고 기업의 미래와 주가의 향방을 판단하기 쉽다.

수소경제 가치사슬을 예로 들어보자.

수소경제의 가치사슬은 생산, 저장, 운송, 충전, 이용 등 5단계로 구분된다.

생산 측면에서 보면 수소 전기차를 타는 고객이 수소 충전을 위해 수소가 생산되어야 한다.

생산된 수소를 저장한 상태에서 충전소로 운송하고 충전소에서 충전할 수 있도록 해야 한다.

수소 운송은 파이프라인, 튜브트레일러, 수소탱크 등을 활용하며 탱크에는 내고압, 경량화, 저비용 등 다양한 소재가 각축 중이다.

수소자동차의 보급도 중요한 이슈다.

수소자동차 보급을 위해서는 수소충전소가 꼭 필요하다.

초기경제성 확보를 위해 독일, 일본은 수소충전소 인프라를 확대하고 있다. 저장, 운송 및 충전소 운영에 따른 큰 비용이 발생해 해결해야 할 숙제가 많다.

수소를 전기로 전환하는 연료전지의 향후 수요는 증가할 것으로 본다. 그러나 수소는 경쟁 에너지원에 비해 가격경쟁력이 낮아 보조금 없이는 수요확보가 곤란하다.

충전소 역시 부족한 상황이다.

연료전지의 성능이 아직 미흡하고 연료전지 발전소 등 친환경 분산 전원으로 도심지역에 설치 가능하지만 경제성은 낮다.

화석연료 고갈, 환경문제 대두, 기술의 발전, 대용량 장기 저장이 가능해
짐에 따라 대중화가 머지않았다. 관련 기업은 아직 저평가된 상태임을 알
수 있다.

(그림3-15) 수소차 밸류체인 기업 (출처:유진투자증권)

각 업황마다 밸류체인 관련 기업의 리스트가 나와 있으므로 곁에 두고 종목을
전체적으로 바라보는 습관을 갖는 것이 좋다. 관심 있는 투자 종목이라면 반드
시 챙겨놓고 있어야 한다.

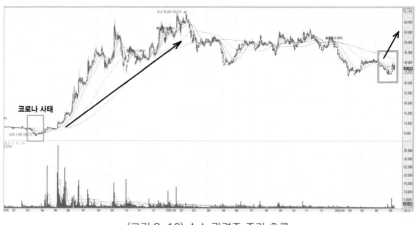

(그림 3-16) 수소 관련주 주가 흐름

위 (그림)은 발전용 수소연료전지 업체의 주가 흐름이다.

코로나 이후 업황 기대감으로 크게 상승하다가 조정을 거쳐 수소법 개정으로 불확실성이 해소되면서 반등을 하고 있다.

주도주가 먼저 치고 나가면서 비 주도주가 뒤를 이어 순환하며 따라가는 경우가 많으므로 밸류체인 관련 기업 리스트에 따라 선택할 수 있는 폭도 넓어진다.

가치사슬의 분석부터 시작하는 시대

블록체인, 암호화폐, NFT(Non Fungible Token) 등 메타버스, VR, 2차전지, 로봇, 자율주행, 반도체 산업, 엔터테인먼트 등에 관한 가치사슬 분석을 통해 주가 향방을 예측하고 투자할 수 있다.

이제 각 기업의 미래는 각 테마별 밸류체인의 분석에서 시작되고 마치는 시대가 되었다.

예를 들면 향후 메타버스 공간은 물론 자산으로서의 가치가 있는 모든 것이 <u>NFT</u>를 통해 유동화 될 수 있다.

또한 원본에 대한 소유권 인정, 분할 소유, 안전한 저장 및 편리한 거래가 가능해진다. 이런 강점 때문에 최근에는 콘텐츠, 패션, 스포츠, 경매, 금융 등 수많은 분야에 접목되고 있다.

NFT

'대체 불가능한 토큰'이라는 뜻으로, 블록체인의 토큰을 다른 토큰으로 대체하는 것이 불가능한 가상자산을 말한다.

일론 머스크의 아내 그라임스는 NTF기술이 적용된 디지털 그림을 NFT로 만들어 약 65억에 판매한 바 있다.

기업의 2차전지 밸류체인 협력의 사례를 보자.

LG화학과 고려아연이 2차전지 양극재 핵심 소재인 전구체를 생산하는 합작법인을 설립했다. LG화학은 배터리 핵심 소재를 안정적으로 공급받고, 고려아연은 신사업진출을 확대하기 위한 '윈·윈' 전략이다. 원재료인 황산니켈부터 전구체와 양극재 및 배터리 완제품 등 모든 생산과정을 잇는 '배터리 동맹'을 완성했다.

핵심인 니켈과 원재료인 황산니켈(고려아연)부터 전구체(합작법인), 양극재(LG화학), 배터리 완제품(LG에너지솔루션)으로 이어지는 완벽한 밸류체인 협력이 구축되었다.

고려아연은 아연·납 제련기업의 이미지에서 벗어나 배터리 소재 분야로 사업을 대폭 확장하겠다는 계획이다.

그러기 위해서는 고려아연은 기업명부터 바꿔야 할듯싶다. '아연' 자를 떼고 신사업이 연상되는 산업접미사를 붙여 첫인상을 좋게 만들면 주가는 더 올라갈 것이다.

이 글을 쓰고 난 후 1년 후에 고려사연은 드디어 사명을 바꾸기로 결정했다. 올바른 판단을 해서 다행이다.

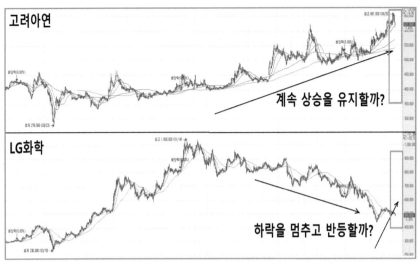

(그림 3-17) 가치사슬을 완성한 이후 주가의 방향 예측

위 (그림) 녹색 박스는 가치사슬이 완성된 직후의 주가 모습이다. 이들 종목의 주가는 단기적으로 위축되거나 횡보할 수 있지만 장기적으로 우상향할 것임을 쉽게 예상할 수 있다.

실제로 9개월 후에 LG화학은 반등하며 40%까지 올랐고 고려아연도 시장 때문에 내려갔지만 다시 시장보다 더 빨리 올랐다.

⑨ MSCI 지수편입으로 코스피는 4000 갈까?

MSCI(Morgan Stanley Capital International Index)는 미국의 모건스탠리캐피털 인터내셔널사가 작성 발표하는 세계적인 주가지수다. 미국계 펀드의 90%가 이 지수를 추종하기에 영향력은 강력하다. MSCI는 글로벌 펀드의 투자기준이 되는 지표이며 추종 자금을 14조 달러로 추정한다.

한국은 아직도 신흥국일까?
자본시장 특히 MSCI는 여전히 한국을 선진국으로 보지 않는다.
왜 그럴까. 그만한 제도가 갖춰지지 않았다는 것이다. 구체적으로 '자본의 유출입이 불편'하고 '투자 상품의 규제' 등을 들 수 있다.

MSCI 지수는 선진국 중심의 세계지수와 신흥시장지수로 나눈다.
한국은 1992년 신흥시장지수로 편입된 이후 30년 동안 머무르고 있다. 한국을 포함한 26개국의 기업을 기준으로 산출하고 주가 등락과 환율변동 등에 따라 각국의 편입 비중도 바뀐다.
3개월에 한 번씩(2월, 5월, 8월, 11월) 구성 종목을 변경하는데 이것을 리벨런싱이라고 한다.
MSCI 신흥시장지수의 구성 중에 중국이 30% 이상, 한국은 15% 이내를 차지하고 있다. 이 지수의 구성 종목 중 삼성전자는 4% 내외를 차지한다.
한국 주식만 모아 놓은 MSCI 한국지수가 있는데 대부분 대형 우량주 위주로 편성되어 있고 삼성전자는 30% 이상 편입되어 있다.

한국이 선진국지수에 포함되면 나타나는 효과는?

1) 외국 자금 유입이 많아져 시장이 활성화된다.

현재 신흥국 시장의 투자 규모와 향후 선진국시장으로 편입될 규모가 약 140억 달러 마이너스 효과가 생겨 단기적으로 오히려 자금이 빠져나간다는 주장도 있다. 그러나 골드만삭스는 장기적으로 400억 달러의 외국 자금이 유입되고 코스피가 30% 넘게 상승을 예상했다.

2) 변동성이 적어 안정적으로 된다.

외국의 연기금 등 장기적 성격의 자금이 유입되어 변동성이 크게 줄어든다. 따라서 국내 자본시장의 리스크가 상대적으로 적어지고 신뢰도가 높은 시장으로 인식된다.

신흥국지수에 편입하는 자금이 선진지수에 편입하는 자금보다 투기성 자산이 더 많아 글로벌 변동성에 민감한데 이것이 많이 해소될 것이다.

3) 저평가를 벗어날 수 있다.

같은 실적을 내는 기업이라도 주가가 어느 지수에 편입되느냐에 따라 40% 정도 편차가 생긴다. 주가수익비율로 비교해도 같은 종목에 대한 수익률이 선진지수가 신흥지수보다 높다.

금융시장 체질을 개선하는 것은 물론 기업경영 민주화, 주주 친화 정책, 공매도 개선, 배당 관행, 기업분할 등 건전하고 투명한 투자환경이 앞당겨질 수 있다.

MSCI 지수와 관련한 투자법

치트키 25 한국이 선진국지수에 편입되면 적극 매수하라.
코스피 4000 갈 것이다.

MSCI 지수에 편입, 편출이 해당 종목의 수급에 큰 영향을 미친다.
왜 그럴까?

MSCI 지수를 추종하는 펀드나 ETF가 포트폴리오 비중을 맞추기 위해 세력들이 기계적으로 매수·매도를 하고 있기 때문이다.

어떤 종목이 MSCI에 편입 예상이 예상된다는 뉴스만으로 주가가 오르기도 한다. 하지만 당일 결과는 어떻게 될지 모르기에 전날 미리 주식을 매매하는 것이 좋다.

MSCI는 매년 6월 결정되는 '관찰국 리스트'에 올라야 시장 재분리를 결정하는데 1년 이상 이 리스트에 올라 있어야 가능하다. 주식은 이 때부터 오르기 시작하므로 매입하라.

외국인 투자등록제도가 MSCI 선진국지수 편입에 걸림돌로 작용해왔다.

또 국가별 지수에 기초한 파생상품을 해외 거래소에 상장할 수 있는 권리인 지수 사용권도 요구해온 사항이다.

후보군 등록이 되면 기대심리로 그때부터 주식은 오르기 시작한다. 이 때 초기에 주식을 매입하고 등록이 확실시 되면 팔면 된다. 주식은 3~6개월 정도 선반영하므로 기간을 계산하여 주식을 매수하기 시작하면 된다.

MSCI 선진지수로 편입되면 국제신뢰도가 높아지고 고질적인 문제인 '코리아 디스카운트' 해소 등 여러 가지 효과로 인해 코스피 4,000시대를 맞이할 수 있을 것이다.

⑩ 강세장 & 약세장 판별하기

평생에 몇 번 안 오는 황금 같은 기회는 약세장에서 강세장으로 바뀔 때 온다. 그러므로 주식투자를 잘하려면 언제가 강세장인지 약세장인지 분별할 수 있어야 한다.

그 시기를 어떻게 알 수 있을까.

먼저 미국 시장을 본다. 그래야 한국 시장이 강세인지 약세인지를 판단할 수 있다.

세계 돈의 흐름인 미국의 금리정책을 본다

> **치트키 26** 통화량이 많아지면 강세장이 되고 통화량이 줄면 자산 가격이 하락해 약세장이 된다.

달러는 이미 미국만의 통화가 아니다.

달러의 40%가 미국 외에서 전 세계를 돌아다니며 경기, 금리, 환율, 증권 시장 등 자산 가격에 영향을 미치고 있다. 그 박동을 좌우하는 곳이 미국 중앙은행과 정부다.

중앙은행이 하는 일은 금리와 통화량 조절이다

1) 경제가 좋으면 금리를 올리고 나쁘면 내린다

 미국의 기준금리 조절은 대표적인 통화정책이며 각국 금리 결정의 지표가 된다. 경제가 안 좋으면 금리를 내려 투자와 소비를 유도한다. 돈의 가치가 하락하니까 자산시장으로 돈이 몰린다.
 반대로 경제가 좋으면 금리를 올려 돈을 회수하여 과도한 물가를 잡는다. 그런데 금리가 제로까지 내렸는데 돌발사태가 터져 위기가 지속된다면 더 낮출 금리가 없다.

2) 돌발사태에 달러를 찍어 통화량을 늘린다.

 돌발 사태가 오면 돈을 찍어 장기국채와 주택담보대출증권(MBS)을 시중에서 사들이며 돈을 공급한다. 유동성도 늘리고 장단기 금리도 내리고 자산시장 활성화까지 삼중 효과를 볼 수 있다. 과도한 유동성 증가로 물가가 올라가면 양적완화(돈공급)를 줄인다. 이렇게 시중에 통화량이 너무 늘어나 인플레이션이 우려되면 부양책을 축소하게 된다.
 정책목표 : 고용 4.1%, 물가 2%
 미 정부와 중앙은행은 보통 실물경제 인플레이션 목표치를 2%, 고용의 목표치를 자연실업률인 4.1%로 보고 있다.
 이 목표 달성을 위해 돈을 풀거나 거둬들이고 있다.
 고용의 목표치는 실업률 지표와 실업수당 청구 건수를 보면 측정할 수 있다. 실물경기를 보면 인플레이션 여부를 알 수 있다. 정기적으로 발표되는 아래 지표를 보고 판단한다.

- **소비자물가지수 (CPI, consumption price index)**

미국에서 매월 발표하는 지수로 인플레이션의 변동을 알 수 있다.

미국의 CPI가 발표되는 날은 주가의 변동폭이 심하므로 이날을 기점으로 매도,매수 포지션을 취하면 변곡점을 잡을 수 있다. 예상보다 CPI가 낮게 나온다면 주식은 상승한다. 미국시장이 먼저 열리므로 이를 참고하여 다음 날 국내 시장을 대응하면 비교적 쉬운 매매가 된다.

- **근원 소비자물가지수 (Core CPI)**

근원소비자 물가지수

물가의 여러 요인 가운데 일시적인 공급 충격의 영향을 주는 농산물, 국제원자재, 에너지 가격 등의 변동 부분을 제거해 계산한다. 물가 상승의 흐름을 포착할 수 있다는 장점을 갖고 있지만 실제 느끼는 체감물가와 괴리될 가능성이 있다.

근원 소비자물가지수가 중요한 이유는 식품, 원유 가격은 국가에서 인위적으로 조절하기가 어렵기 때문이다. 그래서 근원소비자물가지수가 높다면 실질적인 물가가 높고 통제가 어렵다는 것을 의미하기에 주가가 오르기 어렵다.

Core CPI가 CPI보다 높다면 경기침체 가능성이 있다.

- **개인 소비지출(PCE, personal consumption expenditures price index)**
- **집값 추이**

미국 장단기 금리 역전은 경기침체, 금융위기의 신호인가?

보통 장기금리가 단기금리보다 낮아지면 경기침체나 금융위기가 온다는 신호로 받아들여진다. 왜 그럴까?

단기금리가 장기금리보다 금리가 작아야 정상이다. 왜냐하면 돈을 짧게 빌려주는 것보다 길게 빌려주는 위험이 크므로 장기금리 이자가 더 많아야 하는 것은 당연하다.

장단기 금리 역전 현상은 아래 두 가지 요인 때문에 발생하며 이를 경기침체의 전조현상으로 보는 것이다.

① 금리가 인상 또는 인상이 예상되면 단기금리는 오르게 된다.

② 경기가 안 좋을 것이라고 보면 안전자산인 장기국채에 대한 수요가 증가하고 채권 가격은 오르면서 금리가 낮아지게 된다.

2022년 3월 뉴욕 채권시장에서 10년 만기 국채 금리가 하락하면서 장중에 2년 만기 금리보다 낮아지는 현상이 발생했다.

이 역전은 미·중 무역 갈등이 한창이던 2019년 9월 이후 2년 6개월 만이다. 이를 경제위기의 신호라는 의견이 있었다. 과연 그럴까? 결론은 아니다.

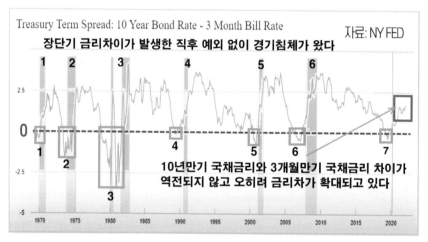

(그림 3-18) 장단기 금리 차이와 경기침체

위 (그림)은 지난 53년간 미국의 10년 장기채와 3개월 국채의 이자율 역전 현상과 경기침체 국면을 보여 주고 있다. 1970년 이후 장단기 금리 역전이 7번 있었고 대체로 이후 5번 경기침체가 왔다. 여기서 두 가지를 주목하자.

1) FED는 10년 장기채와 2년 단기채를 경기침체 판단 비교 대상으로 삼지 않는다. 대신 '10년물 장기채와 3개월 국채 금리'를 기준으로 한다.

　위 (그림)의 붉은색 박스를 보면 10년 만기 국채와 3개월 만기 국채 금리 차이가 역전되지 않고 있는 모습이다. 따라서 이 그래프에 나타난 결과를 보면, FED는 경기침체의 징조로 판단하지 않게 된다.

2) FED가 경기침체의 신호로 100% 받아들이는 것은 '18개월 후 3개월 물 국채의 미래금리'와 '현재의 3개월 물 국채의 금리'차가 역전되는 때로 보고 있다.

　FED는 항상 이 지표에 따라 역전되는 현상이 발생한 후 예외 없이 금리 인상을 단행했다.

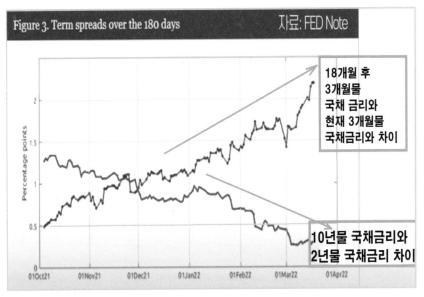

(그림 3-19) 만기별 국채 금리 차이

　위 (그림)은 FED가 경기침체 기준으로 삼는 18개월 후 3개월물 국채 금리와 현재 3개월물 국채 금리 차이의 그래프가 10년물, 2년물 국채 금리 차이 그래프와 일치하지 않고 반대로 움직이고 있다.

FED가 경기침체의 기준으로 주목하는 지표는 역전이 아니라 더 차이가 벌어지고 있음을 알 수 있다. 따라서 FED는 그래프상 현시점을 경기침체라기보다 인플레이션 대처 국면으로 보게 된다.

> **치트키 27** 금리 인상 시작은 약세장 진입을 의미하고 금리 인하는 강세장의 진입을 의미하니 금리를 보고 매매하라.

미국 증권시장 전망을 어떻게 할까

가정을 해보자. 넘치는 유동성 상태에서 고용은 안정을 유지하되 물가 지표가 8% 이상 높아지고 있어 이를 잡기 위해 FED가 금리를 대폭 올리는 정책을 폈다면 어떤 신호일까?

두 가지를 알 수 있다.

1) 경기침체보다 인플레이션이 더 급하다고 판단한 것이다.

고용 지표는 좋은데 물가가 8% 수준으로 오른다면 40년 만에 거대 인플레이션이 오는 것으로 큰 폭의 금리 인상은 불가피하다. 급격한 금리 인상은 경기침체의 원인이 됨에도 금리를 올렸다?

FED는 침체가 아니라고 판단한 것이다.

2) 시장의 입장에서는 약세장의 서막을 알리는 신호다.

'인플레이션이 잡힐 때까지' 금리를 계속 올리게 될 것이므로 자산시장의 충격은 불가피하다. 자칫 잘못해 인플레이션을 잡으려다 경기침체까지 오면 장기 복합 불황이 오게 되어 시장의 혹한기가 올 수 있다.

다행히 FED 의도대로 고용 등 실질 경제가 살아나고 인플레이션이 잡히게 되다면 경제의 연착륙과 함께 민간중심의 경기확장이 펼쳐지며 증권시장은 약세장에서 강세장이 도래하게 된다.

한국의 시장 전망은 어떻게 할까

미국과 한국의 시장은 싱크로율이 90% 이상으로 거의 움직임이 비슷하다. 따라서 미국이 '인플레이션이 잡힐 때까지' 연준 의장의 공포분위기를 조성하는 연설로 자산시장의 충격이 오면 한국 시장도 역금융장세인 약세장으로 진입한다.

약세장에 투자자는 어떻게 대응해야 하나

약세장에서 일시적 랠리(베어마켓 랠리)는 있겠지만 옥석 가리기 장의 수준을 벗어나지 못할 것이다. 역금융장세의 본격화, 경기침체 우려, 물가 불안 등으로 공포 분위기가 조성되며 시장은 하락할 때 완전히 떠나지 말고 최소한 금액으로 시장을 주시하며 기회를 노려야 한다.

이 폭락장이 두 번 다시 오지 않을 기회가 된다. 드러난 위험이 하나씩 해소되고 금리 인하 및 경제 활성화 정책이 펼쳐지며 강세장이 오면서 큰 기회를 포착해야 한다.

- 크게 하락하면 도망가지 말고 엄청난 기회가 오고 있음을 감지해야 한다. 10년 만에 오는 주식자산을 통한 부의 재분배를 노려야 한다.
- 이 기회를 놓치지 않기 위해 한 쪽 발을 주식시장에 담그고 있어야 한다.

제 4장

세력들은 어떻게
종목을 찾을까

성장성 있는 종목은 이것을 확인한다

성장성은 업종과 재무제표를 본다

1) 재무제표상 '성장성지표'를 확인한다.

재무비율 [누적]					단위 : %, 억원
IFRS(연결)	2017/12	2018/12	2019/12	2020/12	2021/12
안정성비율					
유동비율	218.8	252.9	284.4	262.2	247.6
당좌비율	181.6	210.9	242.4	219.8	200.6
부채비율	40.7	37.0	34.1	37.1	39.9
유보율	23,681.4	26,648.2	28,302.4	29,723.5	32,906.5
순차입금비율		기업의 성장성 재무비율			
이자보상배율	81.9	87.3	40.5	61.7	119.7
자기자본비율	71.1	73.0	74.6	73.0	71.5
성장성비율					
매출액증가율	18.7	1.8	-5.5	2.8	18.1
판매비와관리비증가율	8.2	-7.3	5.5	1.7	9.3
영업이익증가율	83.5	9.8	-52.8	29.6	43.5
EBITDA증가율	51.7	12.7	-32.8	15.6	29.5
EPS증가율	98.2	11.1	-47.5	21.3	50.4

(그림 4-1) 기업의 성장성 관련 재무비율

- 재무제표의 종류에는 재무상태표와 손익계산서, 자본변동표, 현금흐름표로 구
  분된다.

① 매출액 증가율

매출액이 증가하는 원인은 판매가격이 올랐거나 판매량이 증가했기 때문이다. 그러나 매출액이 증가한다고 해서 반드시 수익성이 좋다고 할 수 없다. 왜냐하면 마진을 조금 남기고 박리다매로 팔 수 있기 때문이다. 그러므로 영업이익 증가율을 반드시 확인해야 한다.

② 영업이익 증가율

영업이익이란? 매출총이익에서 판매비와 일반관리비를 뺀 금액이다.

- **영업이익이 손실이라도 설비투자가 늘었다면 신경 쓰지 않아도 된다.**
- **영업이익이 급등이라도 광고비 등이 줄었다면 안 좋다.**

③ 순이익 증가율

순이익은 총이익 중에서 금융손익, 영업외손익(부동산 매각)을 계산하고 법인세를 뺀 이익이다.

영업이익과 순이익중 무엇이 더 중요할까?

영업이익이 더 중요하다. 영업이익이 높다는 것은 본질적인 영업활동을 잘 했다는 뜻이다.

치트키 28	급격한 매출 등락보다 꾸준히 안정적인 매출을 유지하는 종목을 선택하라.

특정 분기에 갑자기 매출액이 올랐다가 다음 분기에는 마이너스라면 좋지 않다. 성장성있는 종목이 아니다. 이벤트에 의해 매출액이 증가한 것이다. 일정한 수준으로 점진적으로 올라야 좋지 들쑥날쑥 하면 불안정하여 언제 또 곤두박질 칠지 몰라 시장에서는 좋게 보지 않는다.

④ **총자산 증가율**

기업의 규모가 얼마나 성장했는지를 알 수 있다.

자기자본 증가율로 자본금, 이익 잉여률 등 자기자본의 증가율을 측정하며 높을수록 양호하다.

⑤ **유형자산 증가율**

유형자산이란 토지, 건물, 기계장치 등 미래의 경제적 효익이 기대되는 형태가 있는 자신이다. 재고자산 증가에도 유형자산증가율이 같이 증가하므로 살펴봐야 한다.

⑥ **재고자산 증가율**

재고자산 증가율은 낮을수록 양호하다. 왜냐하면 영업이 잘되어 재고가 줄어야 좋은 것이지 재고가 쌓인다면 영업이 잘 안되는 것이다.

기타 유의할 점

• 재무제표에서 기간은 3~5년 정도를 보는데 중간에 하락이 있었다면 이유를 파악하여 참조한다. 하락이 타당성이 있다면 신경 쓰지 않아도 된다. 예를 들어 돌발사태로 시장 전체가 하락해서 같이 하락한 것이라면 크게 걱정하지 않아도 된다.

• 너무 자주 CB(전환사채 convertible bond), BW(신주인수권부 사채 bond with warrant)를 발행하는 기업은 조심하라. 적자인데도 계속 BW, CB를 발행하면 대주주가 지분 확보나 자산증여 수단일 수도 있다.

• 분석 대상 기업의 성장성뿐만 아니라 전반적 경기의 추세, 해당 업종의 추세 등과 비교하여 분석해야 한다.

성장기업을 차트에서 보는 법

성장 기업은 차트에서 다음과 같은 모습을 나타낸다

1) 저점을 꾸준하게 높이면서 우상향한다.
2) 상승과 하락을 반복하되 떨어지면 바로 회복하는 모습이다.
3) 많은 사람이 관심을 가지며 하루 평균 거래량이 30만 건 이상 나온다.
4) 가끔 호재성 뉴스가 나오면서 가격상승과 거래량이 폭증하는 모습이 나온다.

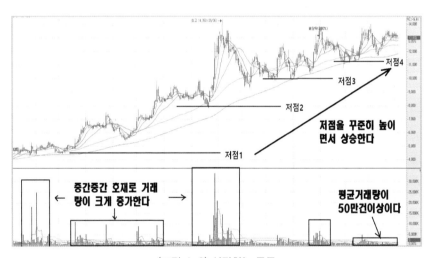

(그림 4-2) 성장하는 종목

위 (그림)은 꾸준하게 성장하는 종목의 차트를 보여 준다.

이 기업은 매년 100% 이상의 매출액증가와 영업이익을 달성하고 당기순이익도 수백 퍼센트를 넘기고 있다. 업황도 좋아 국내 및 해외 부품의 매출 증가뿐만 아니라 유형자산 처분이익으로 당기순이익 증가를 가져왔다.

과거는 성장했는데 앞으로도 성장할 것인가를 알 수 있는 방법은?

컨센서스를 확인한다. 컨센서스란? 주식에서는 '시장 전망치'라고 한다.

컨센서스는 누가 어떻게 정하는가?

애널리스트들이 전망하는데 증권사의 모든 애널리스트들이 낸 의견을 평균해서 결정한다. 컨센서스보다 실제 실적이 10% 이상 잘 나오면 '어닝 서프라이즈'라고 해서 주가는 더 올라가고 컨센서스보다 실적이 10% 이상 안 나오면 '어닝 쇼크'로 주가가 더 내려간다.

애널리스트들이 다 맞을까? 그렇지 않다. 논문 〈이해상충과 애널리스트 예측〉에 따르면 애널리스트가 틀리는 것은 어닝 쇼크에서 더 많이 나온다. 왜? 애널리스트들은 실제보다 전망을 좋게 보는 경향이 있기 때문이다.

그럼 실적 예측을 객관적이고 편향없이 하는 방법은 무엇인가?

바로 실적으로 연결되는 제품가격 인상, 재고자산 증감, 수주잔고 등 수치로 확인한다.

느낌으로 확인하는 방법은? 거리에서 자주 눈에 띄는지, 백화점인파, 홈쇼핑, 뉴스, SNS 글 등으로 추정하는 방법이 있다.

그리고 PER(주가수익비율)은 1년치를 반영하여 계산하고 배당수익율이 평균보다 높고 특별히 기업의 펀더멘탈에 문제가 없다면 전망치를 높게 잡을 수 있다.

여기서 어려운 선택을 해보자.

<u>턴어라운드</u> 기업을 매수할까, 성장성 있는 기업을 매수할까? 둘 중에 하나를 고르라면?

성장성 있는 주식이 좋다. 턴어라운드 기업은 많이 내려갔더라도 더 내려갈 수 있지만 성장성 주식은 추세가 꺾이지 않는 한 하향 곡선을 그리지 않는다.

턴어라운드

적자였던 기업이 흑자로 돌아서며 상승하는 것을 말한다.

② 세력들은 이렇게 위대한 기업을 발굴한다

원래 주식의 가격은 기업의 가치에 의해 결정되어야 한다. 하지만 시장을 둘러싸고 있는 환경에 의해서도 영향을 받는다. 그런 변화무쌍한 환경 속에서 살아남아 지속적인 성장을 하는 기업을 찾는 방법을 알아보자.

망하지 않고 지속 성장하는 위대한 기업 확인법 2가지

1) 경제적 해자 기업인가

이미 아는 사람은 알겠지만 해자(垓子, moat)란 적의 침입을 대비해 성곽 주변에 만든 연못을 말한다.

이것을 경제에 적용하여 경쟁사가 쉽게 이길 수 없는 진입장벽을 가진 기업을 경제적 해자기업이라고 한다.

이는 워런 버핏이 1980년대 발표한 투자 아이디어로 기업의 장기적인 성장을 측정할 수 있는 기준이다.

발표된 지 오래되었고 새로운 기법은 아니다.

여기서는 전통적 경제적 해자를 현재의 시점에서 분석하고 구체적으로 적용하여 기존 주장에 새로운 형식과 내용으로 추가하여 자세하게 채워보고자 한다.

경제적 해자 기업인지 판단기준을 표로 만들어 보았다. 항목별로 상, 중, 하로 구분을 했다.

경제적 해자의 판단 기준표

해자항목	세부 내용	상	중	하
무형 자산	브랜드 파워	O		
	판매망	300		
	특허	250		
	라이선스	O		
네트워크 효과	매신저S/W, 운영체계S/W	O		
교체·전환 비용	은행, 증권사, 소프트웨어	100		
비용 절감의 우위	제조업 위주	O		

객관적으로 측정하여 모든 항목이 '상'으로 표시되면 투자해도 된다.
더 세밀하게 하고 싶다면 숫자점수를 매겨도 된다.

무형자산은 4종류가 있다.

• **브랜드 파워**

이름만 들어도 믿고 사며 자부심을 느낄 수 있는 강력한 힘이 있어야 한
다. 삼성과 LG의 전자제품 품질은 큰 차이가 없다. 하지만 마음 속에서 느
끼는 선호도는 삼성이 더 강하다는 것이 브랜드 파워이다.

이렇게 품질은 큰 차이가 없고 점차 비슷해지기에 브랜드 이미지가 중요
한 시대가 되었다.

브랜드 인지도보다 가격이 더 중요하다는 주장도 있지만 '닭이 먼저냐, 달
걀이 먼저냐'와 같은 싸움이다. 인지도가 높기 때문에 가격을 더 올릴 수 있

는 것인지, 가격이 높아서 인지도가 높은 것인지 생각해 보자.

가격이 높으면 무조건 인지도가 높다는 통계는 없다. 인지도가 높기 때문에 가격을 더 올려도 마음 속에 브랜드가 자리잡은 충성 고객들은 그 브랜드를 구매하는 것이다.

제품대명사가 된 브랜드라면 경제적 해자라 할 수 있다.

제품대명사란 쉽게 말하면 '피로회복제 주세요' 하지 않고 '박카스 주세요', 라고 말하는 경우다.

이런 예는 많다.

광동비타500(비타민 드링크), 호치키스(스테이플러), 스카치테이프(투명테이프), 가그린(가글액), 포스트잇(접착메모지), 에프킬러(분사살충제), 레모나(분말비타민), 포크레인(중장비)

브랜드파워를 지표로 확인하려면 기업평판지수사이트 (http://www.reputation.kr/)에서 볼 수 있다.

• **판매망**

전국, 세계적으로 어디서든 쉽게 살 수 있는 조직이 있어야 안정적으로 판매가 이루어질 것이다.

• **특허**

국내특허청 사이트(kipris.or.kr)에서 특허내용을 검색한다.

특허 개수도 중요하지만 현재 적용되어 잘 팔리는 상품에 대한 특허권도 중요하다.

• **라이선스**

독점적 영업권리가 있느냐에 따라 안정적 매출을 기대할 수 있다. 예를 들면 강원랜드는 정부가 국내 카지노 권리를 허가해 준 유일한 기업이다. 담배를 독점적으로 공급하는 KT&G(담배인삼공사)도 있다.

이런 기업들은 법이 바뀌어 독점이 풀리는 시점에는 주식을 팔아야 한다.

주의해야 할 점은 이런 기업들은 공적 성격이 강하여 굳이 이익을 극대화하려고 노력하지 않는다. 안정적인 매출로 장기적으로 꾸준히 상승을 원하는 투자자에게 알맞다.

• 네트워크 효과

이미 형성된 사용자 집단의 네트워크가 강력한 것이어야 한다. 가입자가 개별적인 것보다는 서로 상호관계를 이루어야 한다.

예를 들면 '카카오톡'은 다른 사람과 문자를 주고받으려면 선택의 여지 없이 가입 해야 하므로 네트워크 효과가 아주 강력하다. 이와 비슷한 것으로는 온라인 게임, 메타버스 플랫폼 등이 있다.

해외에서는 페이스북이 여기에 속한다.

구인구직 사이트 운영기업과 미술품 경매 기업도 어느 정도 네트워크 효과를 보는 주식이다. 하지만 상호관계는 약해 전형적인 네트워크 효과를 보는 기업은 아니다.

• 교체·전환비용

고객이 다른 제품으로 바꿀 때 비용이 많이 들게 되는 경우이다. 이 비용이 많이 든다면 제품이나 서비스를 쉽게 바꿀 수 없다.

예를 들면 이미 숙달된 컴퓨터 소프트웨어가 여기에 해당한다. 엑셀, 파워포인트 등 소프트웨어를 바꾸면 새로 배워야 하므로 쉽게 바꾸지 않는다.

은행주보다는 증권주가 이 경우에 해당되는데 은행은 여러 은행을 사용하는 경우 마음만 먹으면 바꿀 수 있지만 HTS 프로그램에 익숙한 증권주는 쉽게 바꾸지 않는다.

이런 이유로 은행주, 증권주를 투자하려면 가장 많은 사용자를 보유한 은행, 증권사에 투자하면 된다.

• 비용 절감의 우위

경쟁사보다 낮은 원가로 제품을 생산해 판매가격을 낮춰 경쟁력을 높인다. 이런 기업들은 제조업 기반의 기업들이 많은데 이 이론이 나온 시대와 지금 시대의 산업 구조가 많이 달라져 가중치를 많이 둘 필요는 없다.

2) 글로벌 1위 기업인가

> **치트키 29**　　1등에게 붙어라. 1등은 쉽게 망하지 않는다.

1등에게 붙으라는 말은 주식뿐 아니라 세상을 관통하는 원리이다. 회사에서도 주류에 붙어야 생존하고 단체에서도 힘 있는 사람과 친해야 더 이로운 일이 생긴다.

1위의 기준은 마켓쉐어(Market Share)(시장 점유율)가 가장 대표적이다. 기타 브랜드 이미지, 매출액 등이 있지만 이런 것들도 마켓쉐어와 거의 비례한다.

알 리스와 잭 트라우트가 쓴 『마케팅 불변의 법칙』 중에 〈이원성의 법칙〉을 보면 장기적으로 두 마리의 말이 경주를 하게 되는데 대체로 1위는 시장의 60~70를 차지하고 2위는 25%, 3위는 6%, 나머지는 군소 브랜드들이 나누어 먹는다고 한다. 이런 원리를 근거로 1위의 성은 쉽게 무너지지 않는다.

- 삼성바이오로직스는 CMO(위탁생산) 분야에서 세계 1등이다.
- 삼성전자는 낸드형 플래시 메모리, 유기발광다이오드(OLED) 패널, D 램, 초박형 TV, 스마트폰에서 모두 세계 1등이다.
- 고려아연은 아연제련 분야에서 세계 1등이다.
- 효성티앤씨는 스판덱스 분야에서 세계 1등이다
- 피앤티는 '롤투롤(Roll-to-Roll)' 장비 분야에 '대한민국 2차전지 장비 시장 점유율 1위' 기업이다.(조선일보 2021.09.13.기사 참조-2차전지 핵심장비 '롤투롤' 국산화 ... 시장 점유율 1위로 '우뚝)

　글로벌 1등 기업이 중요한 이유는 세계 경제가 하나의 시장으로 통합되고 있기 때문이다. 글로벌 시장은 국내 시장과 비교하면 규모가 엄청 크기에 영업이익율이 높아 주가상승율도 비례하여 높다.

　글로벌 1등 주식의 특징은 오를 때는 많이 오르고 내릴 때는 적게 내린다. 물론 내릴 때는 공포스럽다. 하지만 1등 우량주는 다시 사이클이 돌아오면 전고점을 뚫고 간다. 이것이 1등과 1등 아닌 주식의 차이다

다만 중국과 1위를 놓고 경쟁이 치열한 회사는 주의해야 한다. 경쟁이 치열하니 마진이 떨어질 수 있는 것이다.

　현대중공업은 세계 1위였으나 중국선박집단(CSSC)에 밀려 2위로 내려갔다. LG디스플레이는 대형 액정패널에서 세계 1위였으나 중국 BOE에 밀려 2위로 내려갔다.

　그리고 현재 1위인데 미래에도 1위 기업이 될 수 있는지 통찰력이 필요하다. 현재 1위지만 시대 흐름을 읽지 못하여 변화하지 않아 사라진 대표적인 기업이 카메라 필름제조업체인 코닥이다. 디지털 시대가 왔지만 아나로그 제품에서 빠르게 변화하지 못하여 도태된 것이다.

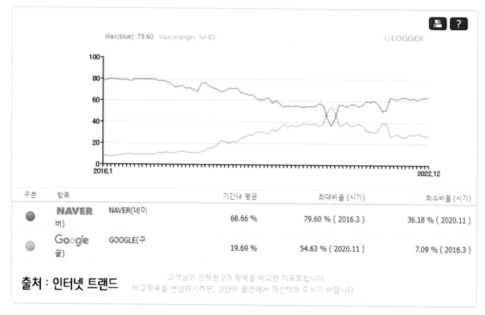

(그림 4-3) 국내 검색엔진 시장점유율

국내 검색엔진 포털의 시장구도는 1위 네이버, 2위 구글, 3위 다음이다.

네이버 검색은 쉽게 1위를 내주지 않을 것이지만 폐쇄적인 정책으로 인하여 서서히 점유율이 내려가는지 추세를 유의해서 지켜봐야 한다.

위 (그림)을 보면 예전 2016년에는 네이버 점유율 70%가 넘은 적도 있었는데 구글에게 많이 추격당했다. 한 때 2020년 11월에는 구글에게 1위를 내준 적도 있었다.

검색엔진은 쇼핑과 컨텐츠 등 인터넷의 출발점이기에 점유율은 매우 중요하다.

네이버는 글로벌로 진출하여 얼마나 성공할지가 앞으로 주가 상승으로 이어질지의 관건이다.

③ 세력들은 생활의 변화에서 종목을 찾는다

투자의 눈은 예리하게 남들이 보지 못하는 곳에서 찾아야 한다. 하루종일 투자처를 찾는 것이 일상인 세력들은 작은 변화에서 투자 아이디어를 찾는다. 이러한 통찰은 뉴스에 나오는 것도 아니고 누가 가르쳐 주지 않는다. 관심을 가지고 세심히 관찰하고 디테일하게 생활 흐름을 파악해야 한다.

스마트폰 카메라 렌즈가 늘어난다

스마트폰 성능이 더 좋아지는 부품중 카메라가 대표적이다. 처음에는 렌즈가 하나였는데 2개에서 3개로 늘어났다. 이제 4개(쿼드)의 카메라가 달린 스마트폰이 나올 것이다.

왜 이렇게 카메라 렌즈가 늘어날까?

스마트폰으로 사진 찍는 활동이 늘어나다 보니 소비자 욕구에 따라 제품이 발전되는 것이다. 이런 점에 착안하여 매출이 늘어날 것으로 예상되는 종목은 카메라 모듈 관련 주식이다.

자화전자, 휴스틸, 옵트론텍, 캠시스, 퓨론티어, 해성옵틱스 종목이 여기에 해당한다.

기후 변화가 심하면 왜 중장비 관련주를 봐야 하나?

지구촌 곳곳에서 이상 기후로 비상이 걸렸다. 지구 온난화로 빙하가 녹아 자연재해와 환경 변화가 일어나고 있다.

기후 변화와 관련하여 통찰력을 발휘하여 생각해 볼 수 있는 업종은 무엇일까?

기본적으로 곡물, 식량 관련 기업이다.

온대지방에서 대폭설이 내리는 등 지구 여기저기에서 자연재해가 일어나면 농업생산량이 줄어든다. 그럼 식량 대란이 일어날 수 있으므로 1차로 곡물 관련주 투자를 생각해 볼 수 있다.

곡물 가격이 올라가면 가공식품 관련주는 단기적으로 힘들겠지만 장기적으로는 가격을 인상하는 모멘텀이 될 수 있다.

곡물 가격이 올라가면 사료업체들이 빠르게 수혜를 본다. 직접 소비자와 상대하지 않기에 가격을 올리기가 쉽다.

이상 기후로 극지방이나 고지대가 따뜻해질 수 있다. 얼음만 있던 그린란드가 농사짓기 좋은 땅이 되면 어떤 것이 필요할까?

농업 관련하여 새로운 농기계, 건설 중장비 등이 필요할 것이다.

한국은 봄·가을이 짧아지고 여름과 겨울이 길어지고 있다. 이 현상으로 얻을 수 있는 투자 아이디어는 무엇일까?

냉난방기, 계절 상품, 의류 등을 생각해 볼 수 있고 스키, 레저 등도 늘어난다.

물가가 오르면 왜 커피 관련주를 봐야 하나?

인플레이션이 되면 가장 먼저 생필품이 오른다. 생필품은 기호 제품과는 달리 생존에 꼭 필요한 제품이다. 화장품은 안바르거나 덜 발라도 되지만 하루하루 먹지 않고는 살 수 없다.

그래서 음식료 가격이 오른다. 왜냐하면 원재료가 오르면 자연히 제품 가격을 올려야 하기 때문이다.

> **치트키 30** 인플레이션 시대엔 생필품 종목에 투자하라. 생필품 가격이 올라도 소비자들은 사야하므로 회사는 이익을 지속적으로 낼 수 있다. – 워런 버핏

식품 기업으로 CJ제일제당, 농심, 오뚜기, 대상, 동서식품 등이 있다. 그렇다면 커피는 기호식품인데 지속적인 매출이 생길까?

커피는 기호식품이지만 이미 습관이 되어 끊기 힘들기 때문에 지속적인 매출이 가능하다. 담배도 마찬가지다.

그럼 마진이 그대로 아니냐. 이런 질문을 할 수 있다. 그러나 기업들이 순진하게 마진을 똑같게 올릴 것 같은가? 마진이 더 남게 올릴 수 있는 것이다.

그리고 기업은 가격을 올리는 시기도 잘 선택한다. 정권 말기에 올리는 것이 좋은 타이밍이다.

원재료는 식료품만 있는 것이 아니다.

구리, 아연 등 비철 금속 가격도 오른다. 종목으로는 고려아연, 풍산 등이 있다. 고려아연은 코로나 사태 이후 시장은 하락하지만 꾸준히 오르고 있

다. 아연과 납을 중심으로 18가지 비철금속을 생산하고 있다.

은행, 카드, 보험 등 금융주도 수혜를 받는다.

인플레이션을 막기 위해 금리를 인상하면 은행으로 돈이 몰린다.

1인 가구가 늘어나면 왜 반려동물 관련주를 봐야 하나?

통계로 보면 1인 가구 비중이 점차 높아져 전체 가구의 30% 가까이 되고 있다. 1인 가구가 늘어나면 어떤 주식이 수혜를 입을까?

1인 가구가 늘어나면 편의점에서 파는 HMR(가정간편식)이 주목을 받는다.

편의점은 GS리테일, BGF리테일이 있고 식품회사는 〈비비고〉와 〈햇반〉으로 유명한 CJ제일제당, 〈쉐푸드〉의 롯데푸드, 대상, 신세계푸드가 간편식 선두이다.

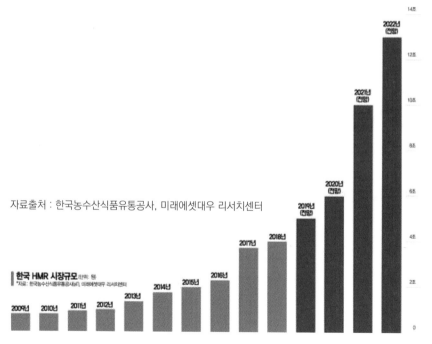

자료출처 : 한국농수산식품유통공사, 미래에셋대우 리서치센터

(그림 4-4) 한국의 HMR(가정간편식) 시장규모

1인 가구 키워드에서 찾을 수 있는 투자 아이디어는 간편식뿐만 있는 것이 아니다.

통계에 의하면 혼자 사는 남자의 30, 40, 50대는 힘든 점 1위가 모두 외로움이다. 여자는 2, 3위 정도인데 전체적으로 외롭다는 것이 우위를 차지한다.

외로움을 달래줄 방법은 무엇일까?

바로 반려동물을 키우는 것이다.

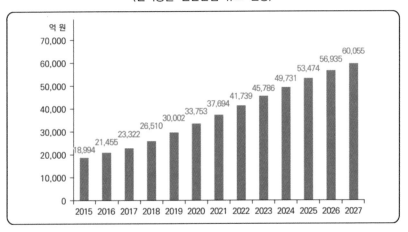

〈반려동물 연관산업 규모 전망〉

(그림 4-5) 반려동물 관련산업 시장 규모 전망 (출처:한국농촌경제연구원)

반려동물 지출액의 50% 정도가 사료이고 의료비는 14% 정도이며 시장규모는 2027년에 6조로 전망되고 있다.

반려동물 사료 관련주는 동원F&B, 사조동아원, 미래생명자원 등이 있다.

동물의약품 관련 주식은 대한뉴팜, 중앙백신 등이 있다.

여기서 더 나아가 새로운 투자 아이디어가 또 있다.

반려동물을 혼자 집에 두는 시간은 8시간 가까이 된다. 반려동물의 안전을 위해 CCTV를 설치하는 집이 늘어날 것이다. 또한 1인 가구는 자신의 안전을 위해서도 CCTV나 보안을 더 강화할 것이다.

- SK텔레콤은 한화테크윈(비상장)과 공동으로 인공지능형 CCTV를 개발한다.
- 코맥스는 비디오폰, CCTV 50여 년의 역사를 가진 CCTV 선두업체다.

1인 가구와 관련해서 로봇산업도 생각해 볼 수 있다. 외로움을 달래주는 대화 로봇, 가사를 대신해주는 가사도우미 로봇 등이 미래에 각광을 받을 것이다.

로봇은 일론 머스크가 좋게 바라보는 미래 산업이다.

머스크는 "대량 생산되는 로봇은 문명을 변화시킬 잠재력이 있고 로봇이 풍요로운 미래, 빈곤이 없는 미래를 만들 것"이라고 했다.

다양한 기능을 하는 휴머노이드 로봇 '옵티머스' 수백만 대를 생산해 2만 달러 이하로 판매한다는 계획을 세웠다. 전기차 성공을 이끈 세계 0.1%의 혜안과 의지를 믿어보는 것도 괜찮다.

현대자동차는 1조원으로 미국 로봇기업 보스턴다이내믹스를 인수했다. 지금은 가시적인 것이 없지만 미래는 분명 로봇이 각광받는 시대가 올 것이다.

④ 주도주를 초기에 발굴하는 법

주도주는 '지금 시장을 이끌어가는 주된 업종 또는 종목군'이다. 짧게는 1~2년, 길게는 10년 정도 100%~1000% 상승을 지속하며 동업종 기업에 비해 안정적이며 주가 상승률이 높다.

주로 기관이나 외국인이 발굴하여 선매수하고 바람을 잡는다.

각종 보고서가 나오고 언론에서 주목하면 개인투자자는 주가가 오른 후 뒤늦게 매수에 가담한다. 초기에 발굴하는 것이 중요하고 그만큼 어렵다.

강세시장일 때는 대형주가 뚜렷하게 위력을 발휘한다.

반도체 업종이라면 먼저 반도체 주도주, 다음 반도체 소재, 장비, 시스템 반도체 업체가 뒤를 이어 상승한다.

시장이 상승세를 멈추면 주도주는 상승을 이어가거나 횡보하지만 나머지는 상승을 이어가지 못하고 하락한다. 시장이 하락할 때 주도주는 하락 폭이 적고 가장 늦게 하락한다.

주도주의 특징 3가지

1) 같은 업종이라도 상대적으로 기업실적이 크게 호전되는 종목

꾸준히 실적을 내는 탄탄한 재무구조의 회사라면 매분기마다 언론에서 주목을 받기 시작하므로 쉽게 드러난다.

이런 종목은 시장이 어려워도 덜 빠지고 회복될 때 다른 종목보다 먼저 가격이 상승하며 오르기 시작하면 꾸준히 크게 상승한다.

차트 흐름상 장기적으로 우상향하는 경향이 많다.

2) 트랜드에 의해 시장의 관심을 받는 섹터, 업종

10년을 내다보는 메가트랜드가 있다. 전기차, 자율주행, 2차전지, 우주, 로봇, 방산 등이 해당된다. 이미 우리 알고 있는 산업인데 이런 섹터는 등락을 반복하지만 결국 우상향을 한다.

1~2년 동안 거스를 수 없는 사회흐름이 있다면 관련 종목이 주도주가 된다. 대북관련주, 코로나, K-팝 관련주 등이 해당된다.

3~6개월 동안 짧은 주도주는 뉴스의 헤드라인을 보자. 가장 많이 나오는 특집 기사가 주도주이다. 언론의 보도가 이어지고 분석보고서가 쏟아져 나오면서 매수세가 들어오면서 주가는 급등한다. 급등 이후 조정을 거치다가 실적이 증명할 때 다시 2차 상승으로 이어간다.

3) 테마주나 경기상승 사이클을 타는 업종

테마주는 '정부 정책 또는 패러다임의 변화로 특정 재료를 보유하게 된 종목들이 동시에 같은 방향으로 움직이는 종목'이다.

수소, 원전, 폐배터리, 전쟁복구 등 새로운 시류에 따라 새로운 테마가 나타나니 시류가 바뀌는 시점을 잘 포착하자.

테마주는 주가가 기업의 실적보다 재료에 더욱 민감하게 반응한다. 불길이 일 듯이 주가 폭등을 가져오기도 하지만 급등 후 바로 제자리로 회귀하는 경우가 많다. 테마주는 민첩하게 움직여 빠르게 매매해야 한다.

주도주 투자전략 3가지

1) 주도주를 초기에 찾는 방법

초기에 주도주를 찾아 올라타야 한다.

주도주를 못 잡으면 아무리 시장이 좋아도 수익이 나지 않는다. 주도주의 특징은 다음과 같다.

- 조정 시 덜 빠지고 돌아설 때 강하게 올라간다
- 20주 이평선을 지키면서 올라간다
- 52주 신고가를 넘어서면서 올라간다

그러나 이미 많이 오르고 나서 주도주라는 것을 알게 된다면 아무 소용없다. 전문가가 추천했는데 이미 어느 정도 오른 상태라면 누구나 전문가를 할 수 있다. 그러므로 초기에 검토해 봐야할 것은 다음과 같다.

- **시장보다 더 빨리 강하게 올라가는지 확인한다.**

  그 종목만 올라가는지, 관련 업종 모두 올라가는지 확인하라. 그 종목만 오르면 개별 호재로 올라가는 것이고 모든 종목이 다 올라가야 한다.
- **52주 신고가를 어떻게 넘어가는지 차트에서 확인한다.**

  52주 신고가를 넘어갔을 때 더 오를 것인지 아니면 조금 오르다 말 것인지 알 수 없다. 52주 신고가를 넘어선다고 다 날아가는 것은 아니기 때문이다. <u>이 때 강하게 한 번에 올라가거나 3일내에 넘어가야 한다. 3일이 지나도 넘어서지 못하면 하락에 대비한다.</u>

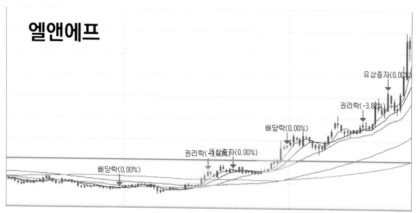

(그림 4-6) 엘앤에프, 삼성전자 일봉 차트

위 두 차트에서 52주 신고가를 넘어서는 시점에 공통점이 보이는가?

노란 원 부분을 보면 대부분의 주도주는 52주 신고가를 강하게 돌파한다. 이렇게 강하게 돌파한다면 주도주가 될 확률이 높으므로 겁먹지 말고 따라붙어라.

2) 주도주를 더 응용하여 투자 기회를 확대할 수 있다.

업황이 주목을 받으면 주도주의 상승에 이어 같은 업종, 다른 기업으로 순환하면서 상승하는 경우가 많다. 이때 재무구조가 건실하고 실적이 좋은 종목을 골라야 한다.

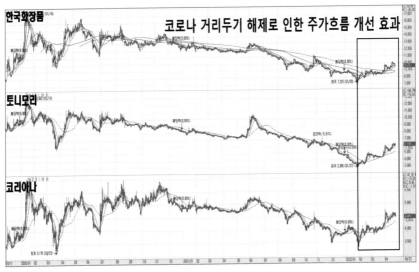

(그림 4-7) 코로나 거리 해제 수혜주 주가 흐름

위 (그림)은 코로나 거리두기 해제로 수혜를 입은 관련 종목의 주가 흐름이다. 박스 친 부분을 보면 거리두기 해제로 인해 오랜 침체와 무관심을 벗어나 다시 주목을 받으며 주가가 회복하고 있다.

업황의 개선징후가 보이면 주도주부터 주가가 움직이기 시작한다. 관심이 없다가 연속으로 강해지며 매수세가 들어온다.

3) 주도주는 B2B와 B2C 중 어느 것이 좋을까.

개인 입장에서 B2B와 B2C, 어느 기업이 투자하기 쉽고 유리할까?

소비자와 직접 만나지 않는 B2B 기업은 개인이 수주 상황을 빨리 알 수 없고 수주가 언제 중단될 지 알 수 없기에 불리하다.

개인에게는 직접 피부로 느낄 수 있는 B2C 기업이 좋다. 스마트폰, 화장품, 과자, 식품, 건강식품, 운동기구, 의류 등 소비자가 직접 사용하면서 유행의 흐름을 직감적으로 알 수 있는 기업 중에서 찾으면 좋다.

홈쇼핑, 광고, 일반프로그램 등 방송이나 인터넷에서 자주 보이고 주변에서도 구입했다는 이야기를 들으면 주도주일 확률이 높다. 신문에서도 특집 기사로 다루어 자주 노출된다.

차트로 상승 초기를 확인하고 눌림목에서 다시 올라가는지 보고 이익율이 계속 증가하는지 주기적으로 확인해 봐야 한다. 애플과 테슬라처럼 지속적인 이익율이 증가하면서 산업이 성장성을 가져야 한다.

또한 국내에서 해외로 시장을 넓힐 때 주도주가 될 수 있다. 아모레 퍼시픽과 오리온이 중국 시장에서 큰 성과를 거둘 때 10배 이상 올랐다. 네이버가 일본에서 라인으로 성공했을 때 지속적으로 주가가 상승했다.

앞으로 해외 시장으로 넓혀갈 기업은 어디일까 ?

엔터테인먼트나 영화는 이미 해외에서 활발히 활동하고 있다.

카카오, 네이버의 해외 진출을 잘 봐야 한다. 카카오는 앞으로 해외 진출 성공여부에 따라 주가 상승의 가능성이 예상된다.

분단 상황 때문에 전쟁무기를 잘 만드는 우리 기술력이 해외로 확장되는 상황도 주목하라.

⑤ 턴어라운드 기업 발굴과 투자법

턴어라운드 기업이란 적자기업이 실적이 좋아서 흑자로 전환해 주가가 크게 뛰는 종목이다. 주가 상승률이 엄청날 뿐만 아니라 꾸준하게 탄생하고 있어 주주들이 늘 긴장하면서 찾고 있다.

턴어라운드 기업 찾는 법

1) 적자기업에서 흑자로 전환한 종목을 찾는다.

(그림 4-8) 턴어라운드 기업 검색 사이트

위 (그림)은 턴어라운드 기업의 리스트이다.

포털사이트에서 'Company Guide'를 검색하고 '컨센서스 스크리닝', '턴어라운드' 란을 클릭하면 흑자전환 확정 기업의 리스트를 쉽게 찾을 수 있다. 그러나 자기자본을 50% 잠식한 기업은 제외한다.

기업을 선별했으면 다음 단계가 필요하다.

2) 적자탈출 내용이 무엇인지 확인한다.

개선의 내용이 일시적이거나 인위적으로 만든 것이라면 제외한다.

예를 들어 3년 동안 적자였는데 4년 차에 또 적자면 관리 종목으로 지정되는데 흑자가 억지 매출 발생인지 의심해야 한다.

또 매출이 30억 미만이었는데 갑자기 매출이 크게 증가했다면 인위적 매출 발생인지 확인한다.

인위적 매출액 조작 방법으로 #매출액을 다음 회기로 넘긴다. #자회사 매출액을 이용하여 가짜로 만든다. #빌려준 돈을 돌려받은 것처럼 해서 회계 처리를 한다.

매출액은 조금 늘었는데 원가나 판매관리비 등이 감소해서 영업이익이 늘어난 것이라면 제외한다.

사이트에서 재무제표를 확인할 때 다음과 같은 내용을 확인한다.

• 전년도 영업이익, 당기순이익 흑자전환
• 매출액이 전년 대비 10% 이상 증가해야 한다
• 영업 이익률이 10% 이상 증가해야 한다
• 부채 비율은 150% 이하여야 한다.

재무제표 외에 다른 요인으로도 턴어라운드 기업을 감지하여 눈여겨 살펴보면 된다.

① 기업의 대표이사나 CI가 변경된다.

대표나 CI디자인이 바뀐다는 것은 회사를 정비하고 혁신을 이루어 다시 한번 해보겠다는 의지가 반영된 것이므로 더 좋아질 확률이 높다.

기아차가 회사명에서 '차'를 떼고 로고도 바꾸었다.

② 적자 사업부를 매각한다.

그동안 적자사업부 때문에 회사의 성장에 발목을 잡고 있었던 것을 털어낸다면 앞으로 좋은 일만 남은 것이다.

예를 들면, LG전자가 만년 적자인 휴대폰 사업부를 매각했다.

③ 미래 지향적(AI, 자율주행, 전기차)으로 사업부를 키운다.

포장재 만드는 동원시스템즈가 2차전지 사업에 뛰어들어 새로운 성장성 사업에서 매출이 발생하면 턴어라운드가 될 수 있다. 단, 경쟁이 치열한 시장에서 후발주자로 어떻게 헤치고 나가는지, 매출액이 발생하는지 확인하고 투자해야 한다.

④ 정부의 지원

기간 산업이 무너지면 경제가 흔들리기에 정부가 기업을 지원한다. 예를 들면 국적기(대한항공)나 국적선(HMM)이 해당한다.

HMM은 10여 년 동안 해운업계의 불황으로 계속 내리막길을 걷다가 2020년 3월부터 턴어라운드를 시작했다.

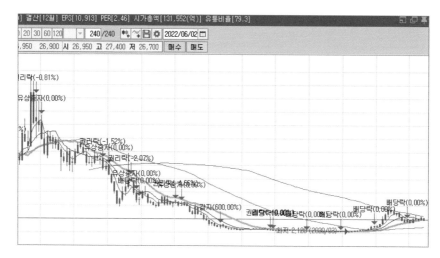

(그림 4-9) HMM 월봉 차트

위 HMM의 월봉차트를 보면 2010년 최고가 320,000원을 찍고 10년 동안 줄기차게 내려와 2019년 12월에 2,120원을 찍고 다시 반등하여 올라가고 있다.

3) 필터링이 다 통과된 기업 중에 지속적으로 업황 개선, 제품 판매 증가가 뚜렷한지 확인한다.

흑자 원인이 업황이 좋아지고 매출이 늘어나고 영업이익이 늘어난 것이면 턴어라운드 기업일 가능성이 높다.

업황 개선은 주식 뉴스에서 찾지 말고 사회면이나 산업 섹션에서 찾아라. 예를 들면 조선소의 인력난이 심각하다는 뉴스에서 조선업의 업황이 좋아질 것이라는 예측을 할 수 있다.

턴어라운드 주식을 매수할 때 필수 체크

- 소형주보다는 대형주가 안전하다.
- 차트 바닥에서 더 이상 내려가지 않고 다중 바닥을 만들며 바닥을 다지고 거래량과 장대양봉이 나올 때 매수를 고려하라.
- 연기금이 매집을 하는지 확인하면 더 확신을 가져라.

턴어라운드 기업 투자는 양날의 칼이다

턴어라운드 기업을 잘 찾아서 투자한다면 10배 이상 수익이 날 수도 있지만 언제 끝날지 모르는 시장에 소외되어있는 시간을 버텨야 한다.

실패하면 회사가 부도가 날 수 있어 큰 손해를 볼 수 있다.

예를 들어 코로나로 인하여 피해업종이 적자에 빠져있다가 흑자로 돌아서는 기업을 턴어라운드 주식으로 본다.

하지만 모든 기업이 턴어라운드가 되지는 않는다. 코로나가 끝나더라도 주변 여건이 같이 상황이 맞아야 한다.

국내 항공, 여행, 엔터테인먼트 기업은 방역 지침이 해제되면서 빠르게 주가가 올랐지만 화장품 주식은 올라오지 못했다. 방역이 해제되어도 마스크는 벗지 않는 습관이 생겨 화장품 사용이 급격히 늘지 않기 때문이다. 또 주요 매출 국가인 중국이 코로나 봉쇄를 강하게 진행하여 여파가 크기 때문이다.

이렇게 턴어라운드 기업의 활동을 제한하는 여러 가지 여건도 함께 살펴야 한다.

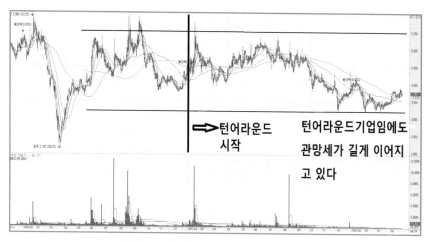

텐어라운드
시작

텐어라운드기업임에도
관망세가 길게 이어지
고 있다

(그림 4-10) 턴어라운드 기업의 주가 흐름

위 (그림)은 턴어라운드 시작이 되었고 앞으로 실적이 더 좋아질 것으로
분석되었음에도 불구하고 주가는 회복하지 못하고 있음을 보여 주고 있다.
차트만 보고 저점을 함부로 예측하여 들어가지 말고 전체 시장이 좋아지는
상황을 보며 매수에 임해야 한다.

턴어라운드 주식 매도 포인트

- **턴어라운드 사실을 모두가 알게 되었을 때**
  - 모두 알고 있는 정보는 주식에서는 그것 자체로 악재로 작용할 수 있다.
- **부채가 다시 증가할 때**
  - 경영 상황이 안 좋아 돈을 빌린 경우일 수 있으니 매도하라.
- **재고가 매출액 증가율보다 더 빠르게 상승하면**
  - 물건이 팔리지 않아 성장이 어렵다.

⑥ 경기민감주, 경기방어주 매수 시점은?

경기가 좋아지면 경기에 민감한 종목들이 기지개를 켠다.

반대로 경기가 안 좋아질 기미가 보이면 '경기민감주'가 위축되고 '경기방어주'가 부각 된다. 경기가 좋아질 때 다 오르고, 경기가 나빠질 때는 모든 주식이 떨어지지 않는 이유다.

'경기방어주'란 경기에 큰 영향을 받지 않는 종목이다.

경기와 무관하게 꾸준한 실적을 낸다.

불경기에도 수익성에 영향을 받지 않는 전력과 가스, 철도 등 공공재 성격의 주식이다. 이외에도 통신, 유통, 의료 제약, 게임, 식료품, 주류 담배 등 필수소비재가 여기에 속한다.

증권시장이 부진해도 이런 주가는 큰 영향을 받지 않지만 반대로 시장이 활황이어도 주가 상승률이 그리 높지 않다.

'경기민감주'는 경기에 영향을 더 많이 받아 주가 변동이 큰 산업의 주식이다. 시클리컬(Cyclicals)이라고 부르기도 하고, 경기순환주, 경기관련주, 경기호혜주, 경기주 등 다양하게 부른다.

해운, 조선, 철강, 화학, 정유. 금융, 건설, 기계, 자동차, 반도체 등이 여기에 속한다.

사실상 경기방어주에 속하는 일부 산업과 종목을 제외하고는 대부분이 경기민감주에 속한다고 봐야 한다.

경기민감주 투자는 외국인 자금을 보라

> **치트키 31**
> 경기회복을 알려면 미국의 경기를 보라.
> 왜냐하면 외국인의 자금 때문이다.

경기민감주는 경기에 따라 변동성이 크다. 이는 주식의 본질에 맞는 것으로 세력들은 이 변동성을 이용하여 가격의 타이밍을 잘 맞추어 큰 돈을 번다.

경기민감주는 경기가 좋아지는 시점에 매수하는 것이 좋다.

경기가 좋아지는 시점은 글로벌, 특히 미국의 경기가 중요하다. 왜 우리는 남의 나라인 미국의 경기를 봐야 할까?

그 이유는 외국인의 자금이 자국의 경기에 따라 국내 시장에 들어오고 나가기 때문에 미국의 경기가 중요하다.

경기 회복 시점을 아는 방법

1) 미국의 고용 지표를 본다.

미국의 고용 지표는 3가지이다.
- **실업률 지표**
- **비농업 고용지수**
- **신규 실업수당 청구 건수**

http://kr.investing.com에서 볼 수 있다.

• 실업률 지표

실업률 지표는 매월 첫째 주 금요일에 발표한다. 실업률이 낮으면 경제가 활성화된 것으로 본다.

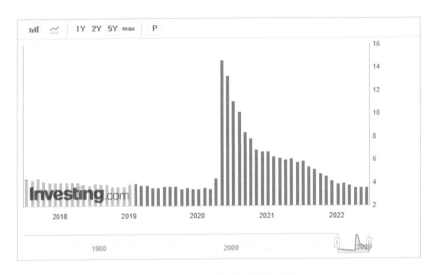

(그림 4-11) 미국의 실업률 지표

위 (그림)을 보면 실업률은 2020년 5월을 최정점으로 하고 계속 내려가지만 최근으로 올수록 더 이상 내려가지 않고 있다. 3%를 안정적으로 보는데 현재 3% 가까이 머물고 있다.

이 지표에서 투자 시점은 언제인가?

이 지표로만 본다면 가장 실업률이 높은 2020년 5월에 투자해야 하는 것이다. 실제로 이 시기 즈음부터 시작해 주식이 1년 이상 우상향했다.

실업률 지표의 한계는 자발적 구직포기자도 있고 월 단위로 발표하기에 신속성이 부족하다. 그래서 주간 단위로 발표하는 실업수당청구 건수를 확인해야 한다.

• 신규 실업수당 청구건수

이 지표는 지난주에 처음으로 실업수당을 신청한 사람의 수를 나타낸다.

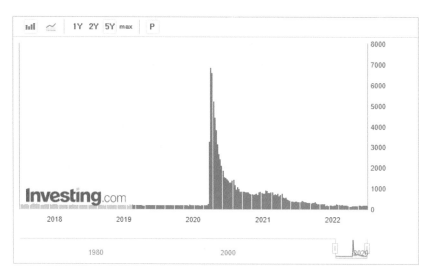

(그림 4-12) 미국의 실업수당 청구 건수

위 (그림)을 보면 신규 실업수당 청구건수가 줄어든 상태에서 안정적으로 흐르고 있다. 현재 주가 상태는 폭락하여 저점을 찍고 있는 중이다. 고용지표는 무난한데 증시는 폭락한다. 왜 그럴까?

주식의 속성상 과도하게 올라가면 그만큼의 하락이 있어야 다시 올라갈 수 있기 때문이다. 경기가 불황이라 주가가 내려가는 것이 아니라고 생각하는 심리적 요인이 작용하여 선반영된 부분을 되돌리는 구간이다.

실업수당 신청건수가 가장 높을 때 지수는 저점이므로 이 때를 잘 노려야 한다. 고용지표는 후행지표이기에 고용지표가 마침표를 찍어줄 것이다.

비농업 고용지수

비농업 고용지수는 농축산업을 제외한 전월 고용인구수 변화를 나타낸다.
미국의 고용지수가 중요한 이유는? 미국은 GDP의 70%가 내수 소비가 차
지하기 때문이다. 안정적인 일자리가 있어야 소비자가 돈을 쓰므로 비농업
고용지수는 경기의 가장 중요한 지표이다.

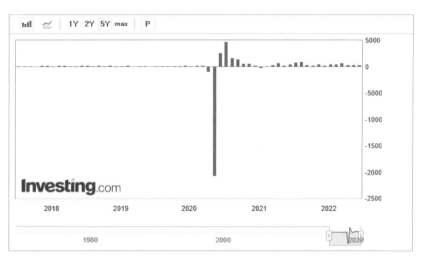

발표일	시간	발표	예측	이전
2022년 07월 08일 (6월)	21:30		270K	390K
2022년 06월 03일 (5월)	21:30	390K	325K	436K ●
2022년 05월 06일 (4월)	21:30	428K	391K	428K ●
2022년 04월 01일 (3월)	21:30	431K	490K	750K ●
2022년 03월 04일 (2월)	22:30	678K	400K	481K ●
2022년 02월 04일 (1월)	22:30	467K	150K	510K ●

(그림 4-13) 미국의 비농업 고용지수

위 (그림)에서 보면 6월의 고용지수는 39만이 나왔다. 예측인 32만보다는
높다. 그러나 3~4월보다는 낮은 수치이고 다음 달 예측도 낮다. 아직 경기
가 완전히 회복되지 않았음을 나타낸다.

2) 미국의 금리 인상을 본다

미국이 금리를 인상할 수 있는 이유는 두 가지다.

첫째, 과도한 인플레이션 증가율을 잡기 위한 경우다. 이때는 단기간 급격한 금리인상을 하므로 경기위축과 주가하락이 수반된다. 금리 인상을 해도 괜찮다는 자신감으로 금리를 올려 뿌린 돈을 거두는 것이다.

둘째, 안정적인 경기흐름이 나온 경우다.

일반적으로 금리를 올리면 주가는 하락한다. 초반에는 새로운 이벤트이기에 악재로 받아들여 그럴 수 있다. 그러나 지속적으로 올리게 되면 시장에서 안도감과 자신감이 생겨 저점을 찍고 우상향하는 경우를 역사적으로 많이 보았다.

경기가 좋아지면 기업은 투자를 많이 하려고 대출이 필요해진다. 대출 수요가 많으니 수요와 공급의 원리에 의해 은행은 금리가 높아지는 것이다.

3) 생활 속에서 찾을 수 있는 경기 회복 신호

- 해외 여행을 많이 간다.
  항공 수요가 증가한다는 것은 소득이 늘어나고 시간적, 경제적 여유가 있기에 가능한 것이다.
- 외식하는 사람들이 많아진다.
  백화점 푸드코트에 사람들이 많다면 경기가 좋아지고 있다는 신호다.
- 빈 점포가 어느새 영업을 시작한다.
  불경기일 때는 빈 점포가 많이 눈에 띈다. 그러다가 차츰 빈 점포가 채워지면 경기가 회복되는 신호이다.

뉴스보다 빠른 공시로 세력을 이긴다

언론에서 일정 시간까지 보도를 금지하는 것을 '엠바고'라 한다.

이 말에 숨어있는 뜻은 뉴스는 얼마든지 시간이나 내용 등이 의도대로 조정할 수 있다는 것이다. 그러므로 뉴스에 나온 공시는 이미 뉴스(News)가 아니라 올즈(Olds)(필자가 만든 말)다. 주식에 관한 모든 뉴스는 Olds라고 봐도 좋다.

기업에 대한 정보는 기자보다 더 빨리 알아야 가치가 있다. 뉴스보다 빠른 것이 공시다. 뉴스는 공시를 받아 전달하는 것에 불과하다.

공시는 기업의 경영 내용을 투자자 등 이해관계자에게 언론을 거치지 않고 직접 알리는 제도다. 회사의 사업 내용이나 재무 사항 및 영업실적 등이 포함된다. 특히 경영진 교체나 자본의 변동, 신기술 개발, 새 사업 진출 등 경영활동과 관련한 정보들은 필수 공시사항이다.

공시가 주가에 영향을 주는 경우가 많아 중요한 내용은 일부러 장이 끝나고 공개하는 때도 있다.

공시 하나만 제대로 알아도 세력처럼 수익을 낼 수 있는 방법을 알아보자.

단일판매, 공급계약체결 공시 활용법

단일판매, 공급계약 체결 내용은 공급계약을 알리는 공시인데 다음 내용을 살펴보고 투자에 임하면 좋다.

단일판매 공급계약 공시는 기업 미래의 실적을 미리 예측해 볼 수 있는 중요한 정보이기에 그 의미가 더욱 크다.

1) 계약금액이 최근 매출액보다 15% 이상이면 호재로 판단한다.

① 만약 직전년도 매출액이 많이 떨어져 상대적으로 계약금 비율이 높게 나온 것이라면 주의해야 하고 3년 정도의 매출액도 확인해야 한다.

계약금액이 최근 매출액보다 15% 이상이라도 계약 기간이 5년이라면 1년에 올리는 매출액 상승은 3%에 불과하다. 이것은 호재라고 볼 수 없다.

② 계약 기간을 잘 살펴봐야 한다.

계약 기간이 너무 길면 안 좋다. 계약 기간 중에 조건이 변경되거나 중단되는 경우도 발생할 수 있으니 큰 호재는 아니다.

2) 계약 상대가 누구인지에 따라 호재인지 아닌지 판단한다.

만약 정기적으로 계약을 맺었던 거래처라면 기존 수준을 유지하는 것이기에 큰 호재가 아니다. 오히려 기존거래처의 공시가 없다면 계약 해지된 것으로 보아 악재가 된다.

처음으로 새로운 거래처와 계약을 했다면 호재이다. 새롭게 매출액이 추가된다는 의미이기 때문이다.

3) 계약 내용을 살펴보고 판단한다.

계약 내용이 기존에 판매하던 제품이나 서비스라면 새로 증가된 것이 아니므로 큰 호재는 아니다.

만약 새로운 제품 및 서비스 계약은 새로운 사업에서 매출이 나온 것이므로 앞으로 매출 증가를 예상할 수 있어 호재이다.

계약 내용에서 주의해야 할 사항

- 전에 나왔던 반복 공시인지 확인한다.
- 계약금액이 너무 낮아 이익이 많이 나지 않는지 확인한다.
- 계약 상대방 회사도 파악하여 공신력을 확인하는 것이 좋다.

 ## 지분공시로 종목 발굴하는 법

　회사의 지분 변동이 있을 때 하는 것이 지분공시이다.

　5% 이상 지분을 갖게 된다면 의무적으로 공시를 해야 하고 주식이 1% 이상 변동이 있으면 보고해야 한다.

　5% 이상 변동이 있다는 것은 큰 사건이다. 이렇게 큰 자금의 흐름을 주시한다면 좋은 투자 기회가 생기는 것이다

1) 5% 지분공시 따라 하기 매매법

① 누군가 5% 매수한 날짜를 확인하여 그날 주가를 파악하자.

　그날의 가격을 기준으로 누군가 더 밑에서 사거나 비슷하게 산다면 나보다 더 정보와 자금이 풍부한 세력이 믿는 구석이 있는 것이다. 거기에 올라타기하는 것이다. 그 투자자의 지분을 수시로 파악하여 변동이 없는지 파악하여 같이 행동하는 방법이다.

　보유목적 변동도 유심히 살펴야 한다. 단순 투자 목적에서 경영권 참여목적으로 바뀌면 치고 빠지는 것이 아니라 그 회사에 오래 투자하려는 것이다. 더불어 지분을 매입한 사람이 누구나 아는 유명한 사람이라면 더 많은 정보를 입수하여 신뢰도를 높힐 수 있다.

② 자산운용사나 투자자문사가 한 번에 많이 매수하면 주목하라.

그들은 전문가 집단이기에 개인보다 정보나 판단이 뛰어나니 그 종목을 분석해보고 판단이 선다면 매수를 고려해본다.

주의할 것은 최대 주주가 자주 바뀌는 경우다. 예컨대 3년 동안 3회 이상 변경된다면 재무 상태 부실, 관리 종목 지정, 상장폐지, 횡령·배임 등 위험 신호로 보고 주의를 기울여야 한다.

2) 회사 내부자 지분 변동을 활용한 매매법

내부자란 회사 임원과 지분율 10% 이상인 주요 주주, 최대 주주의 특수 관계인(혈족, 친인척)을 말하는데 이들은 1주라도 변동이 있으면 보고해야 한다.

> **치트키 32**
>
> 주식이 많이 하락했을 때 내부자 지분 변동을 보고 매수타이밍을 알 수 있다. 만약 내부자들이 지분을 늘렸다면 그 이유를 파악하라.

지분 확대가 경영권 방어목적이라면?

대주주들 사이에 경영권 싸움이 일어났을 때 대표이사는 경영권 방어를 위해 주식을 확보하려 한다.

예를 들면 대한항공이 남매들의 분쟁이 있었다. 이때는 '그들만의 리그'이므로 주가와 큰 상관이 없으니 신경 쓰지 않아도 된다.

다른 특별한 사유가 없으면 회사가 더 좋아져 주가가 오를 것이라고 전망한다.

내부자들은 회사의 상태와 변화를 누구보다 더 정확하게 알고 있다. 이들의 움직임을 개인적으로 알 길이 없으니 공식적으로 나타나는 공시를 통해 짐작해야 한다.

내부자들은 주로 하락장에서 매수한다. 시장은 안 좋지만 회사는 건실하므로 가장 싸게 살 수 있는 기회를 놓치지 않는다.

그러므로 시장이 패닉에 빠질 때 매입 공시가 있는 기업을 주목하자. 세력이라고 할 수 있는 피터 린치는 이 방법으로 큰 돈을 벌었다.

반대로 주식이 빠졌음에도 지분이 늘어나지 않는다면 조심해야 한다.

내부자 매도 활용 방법

내부자가 단순 차익실현 한다면

가장 많은 경우가 이 경우이다. 내부자는 비쌀 때 팔고 내렸을 때 필요하면 다시 사면 된다는 생각을 가지고 있다. 이때는 같이 단기 차익실현을 하고 주가 추이를 살펴본다.

그러나 대규모 차익실현은 조심해서 살펴야 한다. 예를 들면 20~50% 가량을 차익실현 한다면 다른 이유가 있는 것이다. 대형 우량주라도 이 경우에는 주의 깊게 살펴 조심해야 한다.

가장 안 좋은 차익실현은 세력주, 잡주, 테마주 등이다.

이들 주식은 단기 매매자금이 강하므로 차익실현하고 빠져나가면 계속 하향 곡선을 그리며 올라오지 않는다. 적당히 상황을 봐서 빠져나와야 한다.

이러한 공시정보는 DART에서 알림 설정을 해 놓으면 뉴스보다 빠른 정보를 받을 수 있다.

상장·등록법인이 공시의무를 성실히 이행하지 않으면 불성실공시로 제재 대상이므로 이런 주식은 주의 목록에 올리자.

불성실공시를 한 경우에는 매매 거래 정지, 관리 종목 지정 및 상장폐지 등의 제재를 받게 된다.

불성실공시의 유형

- 공시를 신고기한까지 이행하지 않는 공시 불이행.
- 이미 공시한 내용을 취소하거나 부인하는 공시 번복.
- 기존 공시내용을 일정 비율 이상 변경하는 공시변동.
- 유상증자나 전환사채 등의 납입날짜를 연기하거나 철회.
- 타법인 인수 · 매각 과정에서 이를 철회하거나 관련 사실을 늦게 공시.
- 최대 주주 변경과 관련한 계약을 지연 공시, 공급계약 금액 변경, 경영권 분쟁 지연 공시.

공시를 실시간으로 얻는 방법

공시를 실시간을 받을 수 있다면 남보다 더 빠른 행동을 취할 수 있다.

사기업에서 운영하는 유료서비스도 있고 증권사 앱도 있지만 DART(금융감독원 공시시스템)에서 제공하는 앱〈금융감독원 모바일 전자공시〉도 실시간으로 공시를 알려주는 서비스가 있다. 앱을 다운받아서 관심기업으로 등록하면 된다. MY 메뉴에 관심기업을 등록하면 공시가 있을 때 실시간으로 알려준다.

(그림 4-14) 금융감독원 공시시스템

한국거래소에서 제공하는 〈KRX모바일 전자공시 mKIND〉도 실시간 공시를 받을 수 있다.

또다른 방법으로는 전자공시 RSS를 RSS리더에 등록하여 내가 원하는 것만 볼 수 있는 방법이다.

RSS(Really Simple Syndication, Rich Site Summary)란 인터넷상의 많은 정보 중에 내가 원하는 것만 골라 서비스해주는 '맞춤형 서비스'를 의미한다.

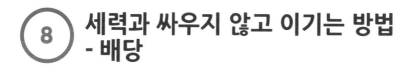

8 세력과 싸우지 않고 이기는 방법 - 배당

배당을 잘 하는 회사는 주주친화적이다. 경영진이 주주의 가치를 소중하게 생각하고 ESG 경영을 실시하는 회사이고 이익을 냈고 앞으로도 이익을 더 낼 수 있는 기업으로 판단된다. 그러므로 배당을 잘 주는 회사에 투자하는 것은 힘들게 싸우지 않고 안전하게 수익을 올리는 방법이다.

> **치트키 33**   세력과 싸우지 않고 이기고 싶다면 고배당주에 투자하라.

고배당주 투자 주의점

개인이, 강자인 기관이나 외국인과 싸워서 이기기 힘들다면 싸우지 않고 이기는 방법이 있다. 싸우지 않고 이기는 방법은 고스톱에서 광을 파는 방법과 같다. 안전하게 수익을 얻는 것이다.

광에 해당하는 것이 바로 고배당주이다

배당률이 은행 이자보다 훨씬 높다면 투자해 볼 만하다.

예를 들어 3억 투자하여 1년에 배당금이 3,000만원이면 10% 수익률이며 아주 좋은 실적이다.

고배당주의 좋은 점은 매일매일 주가를 바라보며 오를까, 내릴까 마음을 졸이지 않아도 되고 성장성 있는 주식이라면 도랑치고 가재 잡는 일석이조가 된다.

전체	코스피	코스닥			
종목명	현재가	기준월	배당금	수익률 (%)	배당성향 (%)
이크레더블	17,450	21.12	2,720	15.59	235.23
효성티앤씨	379,500	21.12	50,000	13.18	28.01
한국ANKOR유전	1,550	21.12	180	11.61	-
NH투자증권우	10,050	21.12	1,100	10.94	35.63
동양생명	5,730	21.12	620	10.82	35.06
NH투자증권	9,820	21.12	1,050	10.69	35.63
삼성증권	35,950	21.12	3,800	10.57	35.15
금호석유우	95,400	21.12	10,050	10.53	14.29
한국금융지주우	59,400	21.12	6,212	10.46	20.37
대신증권우	14,750	22.01	1,450	9.83	15.31
대신증권2우B	14,250	22.01	1,400	9.82	15.31
한국금융지주	63,400	21.12	6,150	9.70	20.37
DB금융투자	5,250	21.12	500	9.52	17.66
리드코프	8,690	21.12	800	9.21	50.95
HD현대	60,800	21.12	5,550	9.13	-296.46

(그림 4-15) 주식 배당수익률 상위

위 (그림)을 보면 효성티앤씨는 13%대로 배당률이 아주 높고 금융주들도 고배당을 한다.

그럼 많은 고배당주 중에 어떤 종목을 골라야 할까?

너무 달콤한 것을 좋아하면 성인병에 걸리듯 고배당주도 다음과 같이 달콤한 것을 주의해야 한다.

달콤 1. 주가가 떨어져 저절로 배당률이 높아진 종목

작년도 '배당수익률'을 살펴보자. 배당수익률은 주가와 비교하여 산출한 배당금의 비율을 말한다.

배당금은 그대로인데 주가가 떨어진다면 당연히 배당수익률이 높아진다. 그럼 조만간 배당금을 낮출 수도 있다.

차트를 보면서 주가의 변화를 함께 살펴봐야 한다. 지속적으로 하락하는 차트라면 연말에 배당수익률이 감소할 수 있으니 주의해야 한다.

그래서 연말에 가까이 갈수록 배당주를 노리는 것이 팁이다.

달콤 2. 공시로 배당률을 높인다고 소문을 내고 털어버리는 종목

간혹 중소기업 중에서 배당률을 높인다고 소문을 내면 개미들이 와르르 몰려 주가가 올라간다. 그때 세력들은 치고 빠져나간다.

배당률을 빌미로 개미들을 끌어모으는 것이다. 배당만 높다고 투자했다가 회사가 망하면 원금도 지킬 수 없으니 회사를 면밀하게 조사해야 한다.

배당성장주 ETF 투자의 장점

• 개별 종목은 급락과 급등으로 불안하지만 안정적으로 성장하는 상위권 배당주를 모은 ETF는 급등락이 작다.

• 주가 하락을 방어하면서 배당을 모은 분배금을 받을 수 있다. 코스피 평균 배당수익율은 1% 후반인데 비해 이보다 2배 이상 받는다.

우선주로 수익 내는 투자법

보통주는 의결권이 있고 주주총회와 기업의 경영에도 참여할 수 있다.

우선주는 의결권은 없는 대신 이익배당, 잔여재산의 분배에서 우대를 받는 주식이다. 기업 입장에서 회사의 경영에 참여하는 것을 원하지 않기 때문에 배당을 더 주고 참견하지 않기를 바란다. 우선주는 투자자를 위해 만들었다기보다는 기업의 경영을 편하게 하기 위해 만든 것이다.

우선주는 주식명 뒤에 '우, 2우, 2우B' (예:삼성전자우)자가 붙는데 2는 두 번째라는 의미이고 B는 신형우선주라는 의미이다.

우선주는 구형보다는 신형이 더 좋다. 신형은 구형의 단점을 보완했는데 주주들에게 어느 정도 금리를 보장해 주겠다는 내용이 있다.

신형에 왜 New의 N을 안 붙이고 B를 붙였을까?

그 이유는 채권(Bond)처럼 확정된 이자를 주겠다는 표시를 붙여야 매력을 느껴서 투자자들이 매수를 하기 때문이다.

우선주와 보통주는 투자의 선호도가 다르다. 일반적으로 우선주는 보통주 대비 가격이 낮다. 왜 그럴까.

보통주는 유통주식 수가 많고 거래량도 많아 주로 보통주 위주로 거래를 선호하기 때문이다.

반면에 우선주는 유통물량이 적어 주가 조작 가능성도 있는 단점이 있다. 그러나 우선주의 매력은 고배당 외에 공매도 대상이 되지 않는다는 점이다. 그래서 하락이 제한적이다. 가격이 낮은데 배당이 높게 나온다면 우선주가 더 배당이익이 크다.

괴리율 매매법

　괴리율이란 보통주와 우선주 가격 차이를 말한다.

　괴리율이 크면 우선주가 보통주에 비해 저평가된 것으로 본다.

괴리율

(보통주 가격−우선주 가격)/보통주 가격 ×100으로 계산 한다. 보통주 가격이 1,500원이고 우선주 가격이 1,000원이라면 괴리율은 33%가 된다.

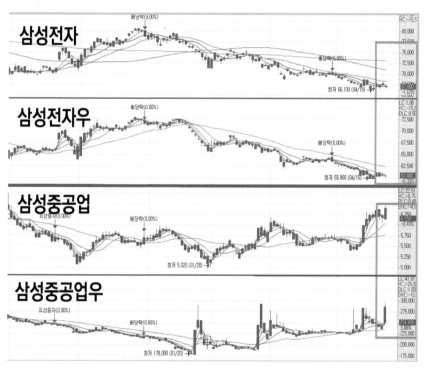

(그림 4-16) 삼성전자, 삼성중공업 보통주 우선주 거래 차트

　위 (그림)에서 위쪽은 삼성전자 보통주, 우선주 거래 차트이고 아래는 삼성중공업 보통주, 우선주 차트이다.

일반적으로 가격 차이일 뿐 차트의 흐름은 같다.

(그림)에서 글자가 작아 잘 보이지 않지만 삼성전자의 경우 우선주가 보통주에 비해 7천원 정도 저평가되었으며 이것이 일반적인 가격구조다.

반면에 삼성중공업은 우선주가 270,000원대이고 보통주가 6,000원대이므로 우선주가 엄청나게 고평가되어 있음을 알 수 있다.

> **치트키 34** **보통주와 우선주의 가격변동 폭이 차이가 날 때 저평가된 주식을 사서 단타 수익을 내라.**

우선주의 괴리율이 크면 저평가된 주식을 매수하여 수익을 낼 수 있다. 괴리율이 50% 이상 되면 다시 괴리율을 줄이려고 하므로 이때가 투자 적기이다.

우선주의 단점은 유통물량이 적고 거래량이 작아 팔기가 어려워 조금 싼 가격으로 팔 수밖에 없다.

그러나 시장 상승기에 주가의 변동 폭이 작다는 특징도 있는데 이것은 꼭 단점만 되지 않는다. 특징일 뿐이다.

반대로 변동 폭이 크다는 것은 장점일까, 단점일까?

대처를 잘하는 고수나 세력에게는 장점이겠지만 초보에게는 단점이다.

안정적으로 10%를 먹는 것이 좋을까. 불안하게 30%의 기회가 있으나 빨리 대처하지 못하여 기회를 놓치는 것이 좋을까.

초보에게는 안정적으로 10%를 확실하게 먹는 것이 좋다. 변동폭이 크면 시장을 주도하는 세력은 마음대로 조정하여 원하는대로 먹을 수 있지만 따라가야하는 개미는 조금 오르는 팔아버려 실제로 큰 수익을 거두지 못한다. 언제 폭락할 지 불안하여 10%도 수익을 못낸다.

성장주, 가치주 발굴법과 투자 방법

성장주, 가치주의 장단점

성장주는 현재의 가치보다 미래가치가 더 높게 평가되며 신재생에너지, 2차전지, 전기차, 자율주행, 우주항공, 로봇 등이다.

- 성장주의 장점은 시장이 크게 하락할 때도 잘 버티고 오히려 반등을 시도하고 단기간에 큰 수익을 낼 수 있다.
- 성장주의 단점은 변동성이 커서 투자 시점을 잘못 잡으면 장기간 고생을 할 수 있다.

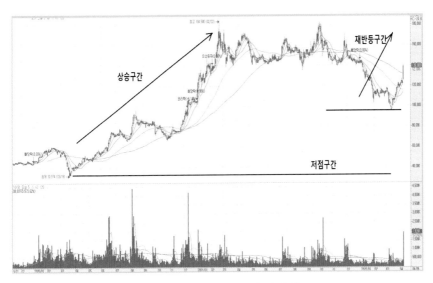

(그림 4-17) 성장주 사례 (2차전지)

위 (그림)은 2차전지 관련주로 성장주의 대표적 사례다.

실적도 좋고 지속적인 R&D, 유상증자로 충분한 투자재원을 확보하는 등 분주하다. 폭발하는 미래수요에 대비하기 위한 준비를 탄탄하게 하는 기업이다. 주가는 고점을 찍은 후 시장의 위축으로 횡보와 하락을 거치면서 전저점보다 높게 저점을 형성하고 다시 반등하고 있다.

가치주는 기업의 실질 가치보다 상대적으로 낮은 가격에 거래되는 주식으로 경기방어주와 비슷한 맥락이다. 기업의 가치를 평가하고 그 가치를 믿고 투자하면 주가 상승으로 보답하는 종목이다.

- 가치주의 장점은 리스크를 최소화하면서 적절한 수익을 달성하고 이 적정한 수익성을 장기적으로 만들어 복리로 늘린다.
- 가치주의 단점은 상승 속도가 느려 시간을 투자해야 한다.

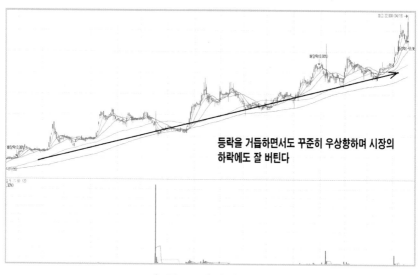

(그림 4-18) 가치주 사례

위 (그림)은 가치주의 주가 흐름이다.

가격이 급하게 뛰거나 폭락하지 않고 꾸준하게 우상향을 그리며 상승한다. 성장주는 성장이 멈추거나 업황에 대한 위기감이 오면 크게 요동을 치지만 가치주는 업황이나 시장에 크게 흔들리지 않는다.

기업에 대한 확신으로 가치를 믿고 오래 투자하기 때문에 단기에 수익을 노리는 투자자에게는 지루하다.

가치주 발굴법과 투자 방법

1) 좋은 숫자를 내는 기업을 찾는다.

- **주당순이익(EPS, Earning Per Share)**

    1주당 순이익을 나타낸다. 순이익이 높아도 주식수가 많으면 주주에게 할당되는 몫이 작아진다. 이 때 1주를 기준으로 실질적인 순이익을 나타내므로 가장 중요한다. **<u>EPS가 높으면 실적이 좋다는 의미이다.</u>**

- **주가수익비율(PER, Price Earning Ratio)**

    현재 주가가 절대적으로 싼지 비싼지 판단하는 척도이다. 낮을수록 실제로 벌어들인 주당순이익에 비해 주가가 낮다는 의미이고 10배 이하면 저평가되었다고 판단한다. 계산은 주가를 주당순이익(EPS)로 나눈다.

- **주가순자산비율(PBR, Price to Book value Ratio)**

    현재 주가가 1주당 순자산의 몇 배로 거래되고 있는지 알 수 있는 지표로 낮을수록 좋다.

    회사가 파산할 때 주주에게 분배되는 비율이다. PBR이 1이면 순자산과 분배비율이 같으니 PBR이 1보다 낮아야 분배비율이 높아진다.

• **자기자본이익률(ROE, Return On Equity)**

당기순이익을 자기자본으로 나눈다. 클수록 좋고 기업이 자기자본으로 1년간 얼마의 순이익을 냈는지 나타낸다.

대체로 PER가 낮고, 배당수익률도 높고, 가격이 저렴하고, 매출과 마진이 개선되는 기업이 가치주이고 나중에 성장주가 된다.

주의할 점은 지표들을 암기하듯 보면 안 된다.

여러 가지 여건을 같이 살펴 종합적으로 봐야 한다.

PER가 낮으면 저평가되었다고 하는데 그렇다고 PER가 낮다고 무조건 주식이 오르지 않는다.

한국전력 등 성장성이 낮은 공기업의 PER는 낮지만, 고속 성장을 거듭하는 성장주의 PER는 엄청 높은 경우가 많다.

2) '가장 관심받는 산업, 가장 화제인 회사'의 주식 말고 아무도 보지 않는 기업을 찾는다.

경제위기 때에 건설주는 쓰레기 취급을 하지만 저평가 되었고 빚이 없고 좋은 땅을 많이 가진 기업이라면 그 경영자의 철학을 파악한다.

땅값이 쌀 때 사서 경기 좋을 때 과감하게 투자하는 기업가라면 투자대상이고 결국 나중에 큰 이익으로 돌아온다.

회사는 망해도 자산을 많이 가지고 있으면 주주들은 안심이 된다. 자산을 잘 사면 그 자산을 계속 보유하는 것이 더 중요하다.

가치에 대한 확고한 신념이 있어야 수익이 발생하지 않는 고통의 기간을 버틸 수 있다.

성공한 가치투자자들은 투자철학이 몸과 일체가 되어 있다.

이들은 이미 투자자가 아니라 현자들이다.

3) 예측 가능성이 높아야 한다.

더 성장할 기업, 미래에 기업가치가 올라갈 만한지를 선별한다.

변수가 많아 복잡하지 않고 예측 가능한 단순한 비즈니스 기업을 선호한다.

예) 임플란드 전문기업, 폐배터리, 미술품 경매, 골프 등

가격변동에 초점을 맞추는 게 아니라 좋은 기업, 좋은 업종, 좋은 사업에 집중한다. 실적이 꾸준히 올라가는 종목을 투자하고 평생 가져가는 방식이 가치투자의 기본이다.

⑩ 안정성 있는 종목 찾는 법

안정성은 재무제표에서 3개만 본다

　회사가 망하면 주식은 실패하게 되므로 안정성을 확보하는 것은 가장 중요하다.

　재무 안전성을 확인하는 지표는 여러 가지가 있지만 3개만 보면 된다. '부채비율'과 '유동비율', '유보율' 정도만 본다.

　부채비율과 유동비율은 부채에 관한 비율이며 유보율은 현금 유동성 확보 여부를 확인하는 것이다.

• 부채비율

　남에게 돈을 얼마나 빌렸나를 보는 것이다.

　타인에게 빌린 자본인 총부채를 자기자본으로 나눈 비율이며 기업의 자본구성이 얼마나 건전한지를 볼 수 있다.

　부채비율 200% 이하를 적당하게 보고 그 이상이면 주의 깊게 다른 부분을 확인해야 한다.

　그러나 부채비율이 무조건 낮다고 좋은 것은 아니다.

　기업의 역량을 도전적으로 늘리는 측면에서 부채는 긍정적일 수 있어 부채 상환능력의 여부도 같이 보고 판단해야 한다.

　삼성전자는 부채비율이 대략 45%, 대한항공은 313%이고 애플사는 387% 정도이고 아마존 212%, 넷플릭스는 211% 정도다.

• **유동비율**

　회사의 지불능력을 나타낸다. 유동자산을 유동부채(단기부채)로 나눈 비율이다.

　유동비율로 상환기간 1년 이내에 부채를 상환할 수 있는지 알 수 있다.

　유동비율이 200% 넘으면 안전, 미만이면 미흡한 것으로 판단한다.

• **유동부채비율**

　유동부채(1년 이내에 갚아야 할 부채)를 자본총계로 나눈 값이다.

　유동부채비율 값이 적을수록 안정성이 높다.

　유동부채비율이 100% 미만 기업은 위험하므로 조심하라.

돈을 얼마나 가지고 있는지는 유보율을 본다

• **유보율(留保率)**

　유보율은 기업이 돈이 필요할 때 자금동원율을 나타낸다. 유보율이 높을수록 좋지만 그렇다고 유보율이 절대적인 기업평가 기준은 아니다.

　새로운 투자가 있으면 순간적으로 유보율이 낮아질 수 있으며 부동산이나 주식을 처분하면 유보율이 올라갈 수 있다. 그러므로 단순히 유보율만 보지 말고 기업의 활동에 의해 유보율이 변경되었는지 확인하라.

　잉여금은 자본잉여금과 이익잉여금을 합한 금액으로 재무구조 안전성을 위해 유보가 어느 정도인지 볼 수 있다.

　자금 여력이 높으면 향후 인수합병, 자사주 매입, 배당 가능성이 높고 무상증자의 여지도 있다.

재무비율 [누적]					단위 : %, 억원
IFRS(연결)	2017/12	2018/12	2019/12	2020/12	2021/12
안정성비율					
유동비율 ? +	102.1	120.4	54.1	98.7	140.4
당좌비율 ? +	87.7	105.8	41.6	82.5	123.9
부채비율 ? +	126.5	177.1	221.6	132.1	88.9
유보율 ? +					10.4
순차입금비율 ? +	55.3	61.3	105.5	30.2	6.4
이자보상배율 ? +	3.4			1.2	2.7
자기자본비율 ? +	44.2	36.1	31.1	43.1	53.0

기업의 안정성을 체크하는 재무비율

(그림 4-19) 기업의 안정성을 확인하는 재무비율

위 (그림)은 재무비율 중 기업의 안정성을 체크하는 항목이다.

현재 안전한 위치인지는 차트를 본다

아무리 좋아 보이는 종목이라도 현재 차트의 모습이 안 좋을 수 있다. 고점에서 전고점을 뚫고 가야 좋은데 못 가고 정체되고 있다면 바람직하지 않다. 차트는 일봉, 거래량, 호가창 등 여러 지표가 있지만 여기서는 일봉, 거래량과 시장 일봉만 체크한다.

모든 종목은 저점이 존재한다. 시장이 크게 떨어지는데 종목은 떨어지지 않는 지점이 있다면 저점일 가능성이 높다.

저점 찍고 난 종목은 더 이상 내려가기 어려운 가격대를 알기 때문에 안전하다.

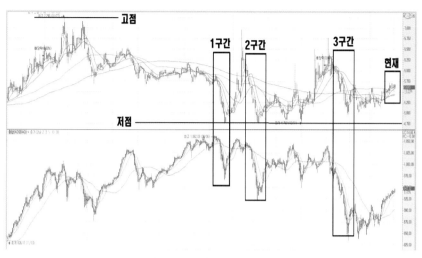

(그림 4-20) 안전한 종목

위 (그림)을 보면 현재 안전한지를 판단할 수 있다.

위 차트는 종목, 아래는 시장 차트이다.

현재 고점과 저점 사이에 있는 것으로 저점에 더 가깝다.

따라서 추가로 상승할 여력이 있는 적정한 가격대에 있다.

1구간, 2구간, 3구간을 보면 시장이 떨어질 때 종목도 같이 떨어졌다.

하지만 3구간을 자세히 보자. 그 이전에는 시장과 비교해 떨어지는 수준이 거의 비슷하다. 그러나 3구간을 보면 시장은 많이 하락함에도 종목은 시장을 따라가지 않고 잘 버티고 있다. 이제 이 가격 이하로는 팔고 싶지 않다는 것이다.

현재 가격대는 저점에서 가까운 위치에 있고 시장대비 잘 버티고 있으므로 더 떨어질 가능성보다 여기서 상승할 가능성이 높다. 물론 시장이 폭락하면 같이 떨어지는 것은 어쩔 수 없다.

세력들은 미래를 보고 이런 종목을 산다

미래는 예측하는 것이 아니다. 상위 1%가 미래를 설계하고 주도한다.

영화 〈돈〉(2019, 박누리 감독)에도 이런 모습이 잘 나타나 있다

세계 상위 1%의 움직임을 주시하면 미래가 보인다. 일론 머스크는 전기차, 인공지능(로봇), 초고속열차, 인터넷 위성군, 우주산업에 주력하고 빌게이츠는 기후재앙, 팬데믹 관련 책을 쓰고 제약사에 투자했고 소형원전, 대체육, 화장실 개선 등에 관심을 둔다.

제프 베이조스는 우주여행에 관심이 많다.

> **치트키 35**
>
> 세력들은 앞으로 더 올라갈 성장주를 좋아한다.
> 세력을 따라 성장주를 사라.

세력은 항상 미래를 산다. 사실 주식투자 입장에서 미래 전망 있는 산업 예측이 어렵지 않다. 이미 다 알고 있는 것이다. 그런데 10년 정도의 큰 흐름으로 서서히 변하기에 잘 느끼지 못하는 것이다.

전망 있는 산업을 차트에서 찾는 방법이 있다. 시장은 하락 추세인데도 단기이평선이 장기이평선 위에 있는 정배열을 만들고 있다.

자율주행은 데이터 처리 속도가 중요하다

사람이 운전하지 않고 자동차가 스스로 움직이는 자율주행은 아직 상용화되지 않았다. 하지만 주가는 미리 올라가 버렸다.

SF 영화에서나 나올법한 무인자동차는 현재 기술력은 계속 발전되는 상황이고 아마도 5~10년 안에 상용화될 것으로 보인다.

완전 자율주행으로 가는 6단계 중 현재 기술력은 2.5단계로 절반 정도 왔으므로 앞으로 주가는 더 올라갈 것이다. 비상시에도 동작이 가능한 레벨 4 이상의 차가 상용화되려면 2025년 이후가 될 것으로 예상되어 3~4년은 더 주가가 오를 가능성이 있다.

자율주행에서 가장 중요한 것은 데이터를 처리하는 속도이다. 그러므로 제어프로그램과 반도체 칩 산업, 빅데이터 부문이 더욱 확대될 것으로 전망된다.

(그림 4-21) 자율주행관련주의 주가 상승

위 (그림)은 자율주행 관련주의 주가 흐름이다. 관련 기업으로 다음 기업을 주시해 보라.

- 삼성전기는 <u>MLCC</u>(Multilayer Ceramic Capacitors) 분야에서 세계적인 선두업체다.
- 현대오토에버는 차량용 소프트웨어플랫폼, 네비게이션 솔루션 사업을 하고 있다.

MLCC

전기를 보관했다가 일정량씩 내보내는 '댐'의 역할을 한다. 쌀 한 톨의 250분의 1, 0.3mm의 얇은 두께의 내부에 최대한 얇게 많은 층을 쌓아야 많은 전기를 축적할 수 있기 때문에 기술력이 중요하다.

• LG이노텍은 첨단 전기 전자 부품 소재를 생산. 자율주행에 필요한 세계 최초로 차량용 와이파이 6E 모듈 개발에 성공했다.

반도체는 차량용 반도체가 중요하다

반도체 업황은 갑자기 폭발적으로 상승하기 어렵다. 대신 가격의 우상향 속성을 따라 업종 사이클에 따라 6개월~12개월 주기로 상승과 하락을 한다. 예전에는 12개월 주기였지만 지금은 더 빨라져 6개월까지 짧아졌다.

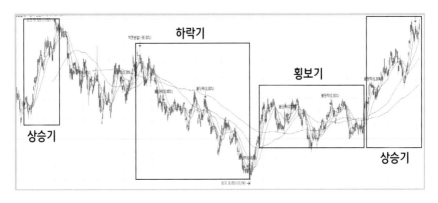

(그림 4-22) 반도체 업종의 주가 흐름

위 (그림)은 반도체 주도주의 주가 흐름이다.

뚜렷하게 상승과 횡보, 하락을 거치면서 파동을 만들고 있다.

포인트. 고점과 저점을 찾기가 어렵지 않아 저점 매수, 고점 매도의 투자가 쉽다.
업황의 등락에 따른 변동성을 이용해 매수·매도를 반복해서 수익을 볼 수 있다.

반도체는 미국 반도체 산업육성책에 주목해야 한다.

5년간 반도체 육성을 위한 60조, 공급망 구축에 50조 등 무려 110조를 정부에서 투자하고 운영한다.

파운드리

반도체 설계디자인을 위탁 받아 생산하는 기업

삼성전자는 세계에서 첨단 파운드리 시장 2위인데 미국이 경쟁자가 되어 리스크가 커졌다. D램 가격은 하락 추세에도 서버, 모바일, 그래픽 등 첨단공정 제품과 고부가가치 제품 비중의 수요가 탄탄해 크게 우려되는 점은 없다. 꾸준한 성장이 예상된다.

반도체 주식인 삼성전자와 SK하이닉스가 시가총액이 크다 보니 외국인들이 많이 매수를 한다. 그래서 외국인의 매수, 매도에 따라 등락이 결정되는 경우가 많다.

차량용 반도체는 '자율주행'으로 인하여 고성능 컴퓨팅칩이 더욱 성장할 것이다.

차량용 반도체가 차지하는 비율이 10~15%인데 차량용 반도체의 성장 속도는 1년에 9%로 빠르게 성장하고 있는 분야이다.

차량용 반도체에서는 ADAS가 중요한데 '첨단 운전자 보조시스템'이라 한다. 이것은 카메라(Camera), 레이더(Radar), 라이다(LiDAR) 센서를 감지하고 판단하는 역할을 한다.

세계 매출 상위 100개 업체 중 국내 기업은 삼성전자, SK하이닉스, 서울반도체, 팹리스업체(텔레칩스, 실리콘웍스, 아이에이)가 들어있다.

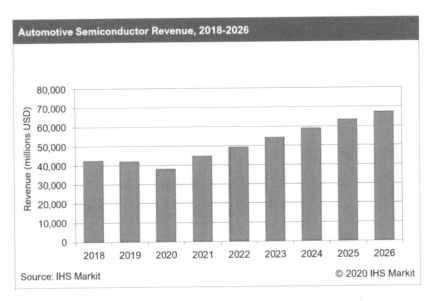

(그림 4-23) 연도별 차량용 반도체 시장 전망(출처:IHS Markit)

2차전지는 양극재가 중요하다

2차전지 업계는 전기차 보급이 50% 될 때까지는 성장한다. 중간에 조정폭이 심해지더라도 업황에 대한 위기보다는 경제환경 위축으로 인한 하락이라고 보면 된다. 내연기관이 전기차로 100퍼센트 바뀌는 미래가 올 것이기에 많이 올랐어도 주가는 저평가다.

경쟁이 심화되고 완성차 업체의 배터리 내재화(자체 생산) 선언은 국내 3사 배터리 회사가 당면한 과제이며 잘 돌파하는 기업이 누구인지 눈여겨봐야 한다.

2차전지는 소재가 중요하고 그중에 양극재가 중요하다.

그 이유는 주행거리를 늘리려면 에너지밀도를 올려야 하는데 그 역할을 양극재가 하기 때문이다. 주행거리를 늘리기 위해 하이니켈 양극재를 채택하고 있다.

경쟁이 치열한 2차전지 글로벌 시장에서 국내 기업 에코프로비엠과 엘앤에프가 5위 안에 들어간다.

• 에코프로비엠은 양극재 원가를 절감하는 내재화와 리사이클링을 통해 영업이익 극대화를 이루고 있다.
• 엘앤에프는 하이니켈 양극제 중에서도 NCMA 양극재 분야의 선두권이다.
• 천보는 고성능 특수(F)전해질이 확대 사용될 것으로 전망되어 매년 100% 성장이 예상된다.

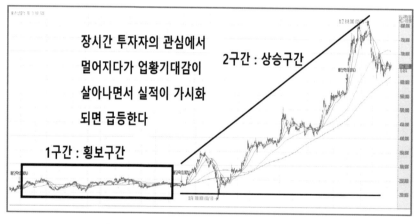

(그림 4-24) 2차전지 관련 주도주 주가 흐름

위 (그림)은 2차전지 주도기업이 1차 큰 폭의 상승 후에 한동안 횡보하다다시 크게 반등하는 모습이다.

상승 이후에 조정을 거치고 다시 상승할 가능성이 크다.

우주 분야는 저궤도위성이 중요하다

우주 산업은 개인 실생활에서 직접 접하지 않아 피부에 와닿지 않겠지만 보이지 않는 곳에서 우주 산업이 기반을 이루고 있다.

5G와 인공위성으로 네비게이션을 이용할 수 있는 것도 우주 산업 때문이다. 일론머스크가 10여 년 전에 선견지명으로 전기차 사업을 시작하여 지금 활짝 피었듯이 현재 '스페이스X'를 설립하여 미래를 내다보는 상위 1%의 식견을 믿어보는 것도 좋다.

미국과 중국은 우주 시대를 놓고 서로 경쟁할 것이다. 그럼 지금보다 더 발전하여 반도체와 같은 큰 규모로 성장하게 될 것이다.

우주 분야는 개척할 부분이 많고 투자 단위가 커서 새로 시장진입이 어려워 기존 기업이 경제적 해자를 가지고 있다.

인공위성 관련해서 저궤도위성과 재사용로켓이 중요한 부분이다.

저궤도위성이 중요한 이유는 5G의 빠른 속도를 지원하려면 낮은 위도가 효율적이기에 그렇다. 저궤도위성으로 지구 전체를 커버하는 통신망이 설치되면 산이든 바다든, 사막이든 안테나만 있으면 인터넷을 사용할 수 있는 획기적인 일이 일어난다.

기존 지상 인터넷망은 광케이블통신국 등 많은 비용이 들지만 저궤도위성망은 가격이 저렴하여 기존 시스템을 대체할 수 있다.

- **인텔리안테크**는 저궤도위성의 데이터처리 부문 글로벌 수주에 매진한다.
- **한국항공우주**는 2021년 6월 25일에 공공기관 대상 입찰 참가 제한을 1년 6개월 동안 받았지만 국내보다는 해외 수주가 더 규모가 크다.
- **쎄트렉아이**는 국내에서 전체 위성시스템을 개발할 수 있는 유일한 기업이다. 재사용로켓이 보편화 될 경우 수혜가 예상된다.

친환경 소재는 '탄소중립'이 중요하다

탄소중립이란?

발생시킨 이산화탄소 배출량만큼 흡수량도 늘려 이산화탄소 배출량을 '0'으로 만든다는 개념이다. 국내에서는 2021년 8월 31일에 탄소중립기본법이 제정되었기에 필수적으로 걸어야 하는 길이다.

친환경 소재 '탄소섬유'는 이러한 배경으로 각광 받는다.

탄소섬유는 철보다 10배 강하고 무게는 철의 4분의 1이다.

비행기 부품과 자동차 부품에 들어가면 무게가 아주 가벼워지고 이산화탄소도 많이 감소되는 등 미래 산업이다.

세계 탄소섬유 시장은 일본이 절반을 차지하고 있다.

• 효성첨단소재는 한국에서 탄소섬유 분야 선두이다. 탄소섬유가 수소저장 탱크의 필수소재로 사용되어 수소차 시장이 확대되면 수혜가 예상된다.

바이오플라스틱은 수만 년이 지나도 썩지 않는 기존의 플라스틱과 달리 옥수수, 콩으로 만든 플라스틱으로 시간이 지나면 물과 이산화탄소가 되는 친환경 플라스틱이다.

포장지를 사용하는 식품회사들이 탄소배출권 때문에 어려움을 겪을 때 이런 제품이 필요하다.

• CJ제일제당은 식품회사 중 국내에서 1등으로 친환경 소재개발도 활발하다. 흙에서뿐 아니라 물에서도 녹는 PHA를 개발하여 전세계에 공급하고 있다.

• SKC는 옥수수에서 추출한 원료를 가지고 흙에서 녹는 소재를 개발하였다. 2차전지로 쓰이는 동박사업도 하여 사업다각화 되었다.

신재생 에너지는 지속 가능한 기업에 주목하라

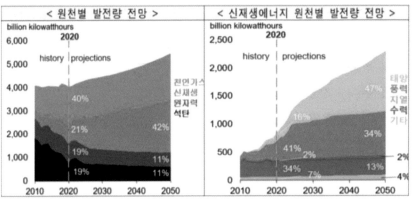

(그림 4-25) 신재생 에너지 발전량 전망 (출처:경향신문)

위 (그림)은 2050년까지 신재생에너지 전망이다. 원자력과 석탄은 하향 추세이고 신재생과 천연가스는 2050년까지 지속적으로 성장한다. 그러므로 신재생은 거스를 수 없는 메가트랜드 관점에서 투자해야 할 분야다.

신재생에너지는 태양광, 풍력, 액체바이오, 수력, 수소 등이 있다. 이 중에 태양광이 발전 속도와 비중이 가장 높고 그 다음이 풍력이다.

2022년 우크라이나 전쟁으로 석유의 대체용으로 유럽에서 신재생에너지 수요가 급증하여 모멘텀이 생겼는데 이를 계기로 수요가 더욱 확대되어 전쟁이 끝나도 다시 석유 사용이 늘지는 않을 것이다.

앞으로는 전쟁뿐 아니라 여러 이벤트들이 자주 더 일어나 모멘텀이 지속적으로 생길 것이다.

- 태양광 대표 기업 – OCI, 한화솔루션, 현대에너지솔루션.
- 풍력 – 씨에스윈드, SK오션플랜트(구 삼강엠앤티), 유니슨
- 수소 – 두산퓨얼셀, 효성중공업.
- 에코프로는 온실가스 저감시스템 등 환경오염방지 소재, 설비사업을 하고 있다.
- KC코트렐은 탄소포집기술을 가지고 있어 밀접한 관련이 있다.

엔터테인먼트 팬은 사라지지 않는다, 스타가 사라진다

코로나 팬데믹이 왔을 때 주로 오프라인 콘서트를 했던 엔터사들이 혹시 망하지 않을까 염려했던 사람들이 많다. 그러나 엔터사들은 온라인 콘서트로 굳건하게 자리를 유지했다.

온라인 플랫폼을 만들어 사이버공간에서 콘서트를 열었고 실물 음반은 수요가 늘어 더욱 성장했다.

엔터사들이 팬데믹 대처를 잘한 것도 있지만 더 중요한 원인은 팬들은 오프라인이든 온라인이든 상관하지 않는다는 것이다.

그런 의미에서 엔터사들의 미래는 밝다.

그러나 엔터사들은 소속 가수들의 활동에 따라 크게 주가가 움직이므로 특정 대표 아이돌에게만 의지하는 경우 위험하다.

BTS가 활동을 잠정 중단한다고 발표하자 하이브는 바로 장대 음봉을 만들며 하락했다. 아이돌의 동향에 매우 민감하므로 돌발 사고가 큰 리스크다.

스타들의 팬은 사라지지 않지만 스타가 사라진다.

그러므로 엔터사는 다양한 아이돌 양성을 하고 있는지, 한 분야가 아닌 다양한 매출처 확보가 있는지가 중요하다.

- 하이브는 음반/음원 40%, MD/IP 33%, 콘텐츠 17%다.
- 에스엠은 음반/음원 60%, 매니지먼트 14%, 콘텐츠(영상) 7.3%, 광고대행 11.4%다.
- 와이지엔터테인먼트는 디지털콘텐츠 21%, 음악 서비스 20%, 광고 16%, 수수료 13%, MD/굿즈 12%, 출연료 7%. **가장 다양한 매출처를 가지고 있다.**
- JYP ent.는 음반/음원 64.3%, 광고6.3%, 기타 25.8%. **음반/음원으로 편중되어 있다.**

실버산업의 의외의 수혜주는 로봇과 자산관리이다

통계로 미래를 예측해 보면, 노년 인구 증가가 중요한 이슈로 떠오른다. 실버산업 하면 자동으로 떠오르는 건강식품, 의료기기 등인데 이는 누구나 생각할 수 있는 업종이고 한 번 더 상상력을 발휘하면 또 다른 산업을 생각할 수 있다.

로봇산업이 발전하고 자산관리도 중요해지는 것이다.

노인을 돕는 로봇산업은 이제 첫발을 내딛는 단계에 있다. 기능은 단순하지만 앞으로 더욱 다양한 기능과 질 높은 로봇들이 노인들을 도울 것이다. 지금이 투자 초기이므로 적절한 시기이다.

실버산업과 관련하여 로봇업종이 뜰 거라고 예상하는 또 다른 이유는 노동인구의 감소로 그 자리를 로봇이 대체할 것이기 때문이다.

자산관리는 노년이 되면 평생 모은 자산이 있을 텐데 이것을 관리해 주는 전문가의 수요가 생길 것이다. 전 생애에서 가장 자산이 많은 시기가 바로 노년이다. 이들을 위한 전문적인 컨설팅 프로세스가 생길 것이다.

메타버스(Meta Verse)의 매출 속도에 따라 확산 여부는 달라진다

메타버스는 가상현실이 더 진화하여 단지 아바타로 가상의 세계를 대신하는 것이 아니라 현실 세계와 연결하여 가상현실(VR)·증강현실(AR)·혼합현실(MR)로 더 실감 나게 만든다.

가상공간 서비스의 강자인 게임업계에서 인공지능(AI) 기술을 바탕으로 메타버스와 가상 인간 사업을 강화하고 있다.

AI, 음성, 딥러닝, '버추얼 휴먼', 음성합성, 보이스 투 페이스(Voice to Face), 자연어처리, 3D 그래픽 효과, 얼굴표정, 립싱크 등 개발 경쟁이 치열하다.

초기에는 기술력을 갖춘 IT기업과 시각효과 개발사 중심으로 가상인간 개발이 진행됐지만 점차 연예기획사, 가전회사, 유통기업, 게임업체까지 업종을 불문하고 다양한 기업들이 개발 경쟁을 펼치고 있다.

크래프톤, 넷마블, 스마일게이트, 카카오게임즈, 엔씨소프트 등 주요 게임 기업들이 가상인간 관련 사업을 본격화하고 있다.

(그림 4-26) 게임 주도주의 주가 흐름

위 (그림)은 메타버스 게임 주도기업의 주가 흐름이다.

꾸준한 상승을 이어오다 큰 폭으로 주가를 올린 후 조정을 거치고 있다.

치트키 36 메타버스는 광고 등 수익모델이 어떻게 매출을 올릴 수 있는지 지켜보며 투자하라.

메타버스가 실체도 없이 이름만 붙이면 무조건 올라 한차례 거품을 품었던 이유는 코로나로 인해 비대면이 2년 동안 이어지면서 가상세계에 자연스럽게 접하는 시간이 많아지면서였다.

앞으로 메타버스의 발전은 이렇게 환경적 요인에 영향을 많이 받을 것이다. 그렇지 않다면 잠시 스쳐가는 바람처럼 될 수 있다. 메타버스가 스마트폰처럼 생활필수품이 되려면 시간이 많이 필요할 것이다. 그러니 실제로 매출이 나오는지 확인후에 투자를 해야 안심할 수 있다.

• 자이언트스텝은 VFX(특수시각효과), 리얼타임콘텐츠 분야에서 국내 최고의 기술력을 가지고 있다. 네이버가 투자하여 공신력을 가지고 있다.

• 덱스터는 VFX사업 외에 영화 등 콘텐츠를 공급하고 광고, 숏폼콘테츠를 추가하여 사업다각화를 통해 안정성 확보. CJ ENM의 지분이 6% 정도 있다.

• 바이브컴퍼니는 카카오가 2대 주주이다. '디지털 트윈' 기술로 건설 예정도시를 컴퓨터 시뮬레이션으로 미리 홍수, 가뭄, 교통 등의 문제를 파악하여 문제를 해결하는 사업을 하고 있다.

제 5장

기업은 개인의
동반자인가, 적인가

① 증자와 감자, 호재인가 악재인가

증자는 자본금을 늘리는 것으로 유상증자, 무상증자가 있다.

유상증자는 돈을 받고 주식을 나누어 주는 것이고 무상증자는 공짜로 주식을 나누어 주는 것이다.

기존 주주에게 배정하는 경우와 기존 주주 우선 배정 후 실권된(신청자가 없어 남은 주식) 부분은 제3자에게 배정하는 방식이 있다.

증자는 이자를 주지 않고도 기업이 자금을 모으므로 재무구조 개선 효과가 있다. 반면에 주주 입장에서 보면 전체 주식 수의 증가로 자산의 희석효과가 있다. 즉 새로운 투자자가 증자를 참여하면 증자 주식 수만큼 기존 주주는 지분율이 줄어들어 주당순이익이 떨어진다.

다시 설명하면 내 것의 절대량은 그대로지만 전체가 늘어나므로 내 것의 비율이 줄어들어 희소성이 줄어드는 것이다. 그런 의미에서는 좋은 것은 아니다.

주의할 점은 너무 자주 증자를 하는 기업은 조심하라. 증자를 자주 한다는 것은 아무래도 회사가 불안한 점이 있다는 것을 간파하라.

유상증자의 호재, 악재를 구분하자

유상증자를 할 때 증자를 참여할지 고민이 되면 좋은 증자인지 나쁜 증자인지 살펴보아야 한다. 좋은 증자인지, 나쁜 증자인지는 상황에 따라 그때그때 다르다.

치트키 37

유상증자가 호재인 경우는 신사업진출, 신규 공장건설, 신기술 개발, M&A 등 향후 기업가치가 올라 갈 때이므로 이 경우 매수하라.

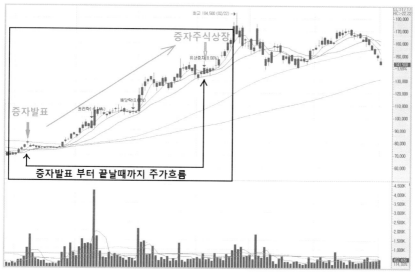

(그림 5-1) 포스코퓨처엠의 유상증자와 주가 흐름

위 (그림)은 2차전지 종목인 포스코퓨처엠(구 포스코케미칼)의 유상증자와 이후 주가 흐름을 나타낸 것이다.

1조 규모의 엄청난 증자금액으로 주가는 일시적으로 하락했다.

하지만 자금 용도가, 공장증설이라는 점이 부각 되면서 이후 급등했다. 공장을 새로 짓는다는 것은 사업이 잘되어 확장되는 것이니 앞으로 더 성장이 예상된다. 이것은 좋은 증자이니 참여하라.

제3자를 대상으로 한 유상증자는 대체로 호재로 받아들인다. 왜냐하면 제3자가 큰 자금을 내고 들어오는 것이기에 전문투자집단이 앞으로의 전망을 좋게 본다는 신호이다.

치트키 38	유상증자가 악재인 경우는 운영자금, 부채상환 또는 부실 관계사의 자금지원 등 경영의 악화가 예상되는 경우이므로 이때는 매도하라.

부실의 징후가 있는 기업의 유상증자는 주의해서 보아야 한다.

채무상환, 자본금 증식으로 자본잠식을 회피하거나 회계상 숫자 조정만으로 관리 종목 지정을 피하기 위한 증자가 있다.

얼마나 사업이 안되면 빚을 갚기위해 증자를 하는지 짐작을 해야 한다.

유상증자를 받고싶지 않으면 주식을 그냥 가만히 두기보다 매도를 해서 적극적으로 참여하는 것이 좋다.

무상증자는 호재이지만 간혹 속임수에 주의하자

무상증자는 공짜로 주식을 주는 것이다. 그럼 회사가 손해 보는 것 아닌가? 그렇지 않다.

잉여금을 자본금으로 회계상 옮기는 것뿐이기 때문에 회사가 금전적으로 손해 보는 것은 없다. 회사에서 돈이 나간 것이 없이 남아도는 돈을 주주에게 나누어 준 것뿐이다.

무상증자는 재무구조가 건전하다는 신호이기에 주가가 오른다.

회사가 돈을 많이 벌었으니 주주에게 일부 돌려줌으로써, 자본금이 늘어 회사가 더 안정감이 생기고 호재로 작용하여 주가가 대폭 오른다.

그러나 회사의 본질가치가 변한 것은 없다. 주주 친화 정책으로 주주에게 좋은 것이다.

무상증자를 한다고 무조건 받지 말고 속임수에 조심해야 한다. 무상증자를 하면 주가가 오르는 것을 이용하여 적자인데도 무상증자를 하는 경우가 있으면 조심해야 한다.

무상증자는 단기적으로는 주가가 오를 수 있지만 장기적으로 보면 다시 원위치로 내려온다.

청약 과정은 이렇게

증자는 신청하면 바로 계좌로 주식이 들어오는 것이 아니라 신주인수권을 받는다. 신주인수권을 행사(매수)할 것인가, 남에게 매도할 것인지 주주가 결정할 수 있다.

신주인수권을 받으면 입고일에 종목명 뒤에 숫자가 붙고 R이라고 표기된다. (예:대한항공14R)

유상증자는 현재 가격보다 조금 싸게 책정된다. 그래야 신주를 사는 매수자를 한 명이라도 더 끌어들일 수 있기 때문이다.

권리락이란? 증자 신주인수권의 권리가 없어지는 날이다.

권리락 이후에 주식가격이 바뀌는데 기존 주주와 증자받은 주주의 가격 차이를 없애기 위해 조정을 한다. 조정을 하는 이유는, 만약 가격조정이 없다면 신주를 받는 것이 무조건 유리하기에 공평함을 유지하기 위해서이다

무상증자를 받으면 주식이 계좌로 들어오기까지 15일 정도 걸리는데 계좌에 표시되는 금액은 50% 정도이니 미리 알고 놀라지 말라.

유상감자, 무상감자는 호재일까, 악재일까

치트키 39 유상감자는 호재이니 매수하고 무상감자는 악재이니 매도하라.

유상감자는 감자할 때 주주들에게 보유한 주식 가액의 일부를 환급 보상하고 자본감소를 하는 것이다.

기업의 규모에 비해 자본금이 지나치게 많을 때 이 방법을 사용한다. 시장에 거래되는 주식 수가 줄어들기 때문에 주가가 상승할 가능성이 크다.

무상감자는 주주들이 아무런 대가를 받지 못한 채 감자비율만큼 주식을 소각하는 방식이다. 보통 누적 결손금이 커질 때 자본금의 규모를 줄여 자본잠식 상태를 벗어나기 위해서 사용된다.

예컨대 관리 종목 편입이나 상장폐지를 피하려고 인위적으로 자본금을 감소시켜 감자차액으로 인한 결손금 보전을 하기 위해 이용된다.

무상감자는 주식수는 줄지만 가격은 변동이 없다.

1주당 10,000원짜리 10주를 가지고 있었는데 5주로 줄이면 1주당 20,000원이 되어 총금액은 변함이 없다.

하지만 자본잠식의 염려가 커져 악재로 작용해 큰 폭의 주가 하락으로 이어질 가능성이 크다.

무상감자를 예상하여 그 종목은 투자하지 말아야 하는데 예상 방법은?

관리종목으로 될 종목이나 소외된 잡주 등은 무상감자 확율이 높으므로 처음부터 투자하지 않는 것이 가장 좋은 방법이다.

2 신주인수권을 잘 활용하는 법

증자에 참여 의사가 없을 때는 가만히 있지 말고 팔아라

신주인수권이란 신주를 발행할 때 주주로서 신주를 받을 권리를 말한다. 신주는 보통 기존 주가보다 20~30% 정도 할인된 가격에 발행된다. 시가보다 싼 가격에 매수할 수 있어야 주주로부터 자금을 모을 수 있기 때문이다. 그러나 증자에 참여하는 것이 주주에게 다 이익은 아니다.

> **치트키 40** 증자 참여 의사가 없을 때 신주인수권을 표시한 증서를 타인에게 매도하여 포기로 인한 손실을 막아라.

신주인수권 거래 일정은 발행회사에서 안내해 준다.

보통 청약을 하기 전에 신주인수권증서를 먼저 상장시켜 일주일 정도 매매를 시킨 후 최종적인 보유자를 대상으로 청약을 진행한다. 신주인수권증서의 유통기간은 유상증자 기준일로부터 신주청약일까지 2주간이다.

이 기간 안에 청약을 포기한 주주는 신주인수권증서를 매도하고 신주인수권을 더 사고 싶은 경우에는 추가 매입이 이루어진다.

신주인수권을 매도하지 않으면 청약을 할 의사가 있는 것이므로 유상증자 청약일에는 반드시 증권사를 통해 청약해야 한다. 청약기일까지 청약하지 않으면 청약할 권리를 상실한다.

기존 주주가 추가로 증자에 참여할 수 있는 길이 또 있다.

실권주(失權株)가 발생했을 때이다.

실권주

권리를 잃었다는 뜻으로 기존 주주들이 유상증자에 참여하지 않아 인수되지 않거나 인수가 되었어도 납입 기일까지 돈이 들어오지 않아 권리를 상실한 잔여 주식을 말한다.

실권주는 많은 사람이 초과 청약 신청을 한다면 경쟁률에 따라 나누는 몫이 줄어들어서 원하는 수량을 다 확보하지 못할 수도 있다.

기존 주주는 아닌데 유상증자에 참여하기 위해 신주인수권을 사고 싶은 사람은 신주인수권증서를 매입하면 된다. 이 경우 주식거래 시간 내에 지정가로만 매매하며 가격제한폭이 없다.

신주인수권증서와 신주인수권증권은 다르다

신주인수권증서는 유상증자할 때 기존 주주가 신주를 우선 배정받는 권리를 표시하는 증서다.

반면에 신주인수권증권(Warrant)은 채권의 일종이다.

회사가 자금조달을 목적으로 신주인수권부사채(BW, bond with warrant)를 발행할 때 사채권자에게 발행회사의 주식을 인수할 수 있는 권리를 부여한 증권이다.

신주인수권증권은 신주인수권부사채(BW)에서 신주인수권만 따로 떼어내서 거래할 수 있도록 채권에서 분리하여 증권을 발행한 것이다.

시장에서 각 종목의 거래 기간 안에 자유롭게 거래할 수 있으며 신주인수권을 행사하지 않으면 자동으로 소멸한다.

종목명	현재가	전일대비	등락률	매도호가	매수호가	거래량	시가	고가	저가
티웨이홀딩스 24WR	418 ▲	12	+2.96	418	414	110,815	402	429	400
국동 9WR	1,370 ▲	145	+11.84	1,355	1,285	31	1,470	1,470	1,295
형지I&C 6WR	296 ▼	8	-2.63	310	296	21,761	306	310	289
리더스 기술투자 9WR	220 ▲	6	+2.80	220	216	20,168	220	220	214
제이스코홀딩스 2WR	954 ▼	28	-2.85	1,005	954	9,062	1,025	1,025	951
두산에너빌리티 2WR	16,000 ▼	600	-3.6	16,000	15,950	10,600	16,700	16,800	16,000
케이피엠테크 5WR	1,190 ▼			1,195		1,951	1,100	1,190	1,095
현대두산인프라코어	2,630 ▲	5	+0.19	2,625	2,605	34,629	2,680	2,680	2,600
서울리거 4WR	822 ▲	56	+7.31	822	809	52,846	753	880	753
재영솔루텍 11WR	585 ▲	2	+0.34	585	575	7,446	583	598	558
에스티큐브 27R	495 ▲	65	+15.12	496	494	393,018	450	580	446
펜스타엔터프라이즈	449 ▲	15	+3.46	449	432	6,802	428	449	422
씨씨에스 1WR	101 ▲	1	+1.00	103	101	9,233	104	104	99
아스트 9WR	1,815 ▼	65	-3.46	1,865	1,815	13,888	1,895	1,895	1,790
아스트 11WR	1,685 ▲	10	+0.60	1,700	1,685	22,575	1,700	1,710	1,675

(그림 5-2) 신주인수권증서 및 신주인수권증권 거래 현황

위 (그림)은 신주인수권증서 및 신주인수권증권의 현재가, 전일 대비 등락률, 매도·매수호가, 거래량 등을 나타내는 거래 현황이다.

개인주주는 신주인수권의 경우 증자를 받겠다면 청약을 하면 되고 증자에 참여할 의사가 없다면 증서를 매도하면 된다.

신주인수권증권은 거액 투자자의 영역이므로 개인투자자는 크게 신경 쓸 필요 없다.

액면분할과 병합, 주가에 미치는 영향

액면분할로 자본, 시가총액의 변화가 없다

2018년에 삼성전자는 280만원까지 올랐다. 그런데 하루아침에 주당 265만이었던 주가가 53,000원으로 낮아졌다. 무슨 일이 벌어진 걸까.

바로 액면분할 때문이다.

액면분할은 액면 가액을 일정한 비율로 쪼개 주식 수를 증가시키는 것이다. 예를 들어 액면 가액 5,000원짜리 1주를 10으로 나누어 500원짜리 10주로 만드는 경우이다.

주가는 낮아지고 주식 수는 늘어나는 효과다.

액면분할, 왜 하는가

주식의 가격이 너무 비싸 거래가 부진하거나 신주발행이 곤란한 때 이루어진다. 1주에 280만원이면 개미들은 감히 살 엄두가 나지 않는다. 액면분할로 1주당 가격을 낮춰 소액 주주도 쉽게 참여하여 거래가 활발히 이뤄진다.

액면분할은 기업가치에 변화가 없고 주가에 미치는 영향은 크다.

삼성전자의 경우 최초 발행가 5,000원을 100원으로 액면분할을 했다. 1주를 가지고 있으면 분할 후에 50주가 되는 것이다.

수량이 50배로 늘어나므로 유통주식 수가 많아지고 가격이 싸 보여 일반인도 쉽게 투자할 수 있다.

실제로 액면분할 이후 거래대금이 종전보다 70% 이상 증가했고 주주 수는 5배 이상 늘어났다. 삼성전자는 기관과 외국인의 투자대상에서 일반 투자자로 대중화된 전형적인 사례다.

미국에서는 주가가 일정 수준 이상 오르면 액면분할 하여 유동성을 늘리는 것이 일반화되어 있다.

애플은 벌써 5번의 액면분할 과정을 거쳤다.

테슬라도 액면병합으로 1,500달러 수준에서 300달러 수준으로 주가를 낮췄다.

성장성이 높은 기업인데 주당 가격까지 낮아진다면 개인투자자들이 더 많이 투자할 수 있게 된다.

이러한 이유로 액면분할 사례가 늘어나고 있다.

SK텔레콤은 2000년대 초반 주당 500만원까지 가던 주가가 10대 1의 액면분할을 통해 30만원 수준으로 낮췄다.

액면분할 후 주가는 어떻게 움직이나

치트키 41 액면분할 후에 단기적으로 오르고 장기적으로 기업 가치에 수렴하니 오를 때 일단 수익을 챙겨라.

카카오가 2021년 6월에 50만원대였던 주식을 5:1로 액면분할을 하자 52주 최고가까지 올랐다. 그 이후로는 시장 상황 때문에 고점을 찍고 내려왔다.

그 당시에는 시장이 상승 추세였고 카카오뱅크의 상장이 있을 예정이어서 이 부분도 긍정적으로 영향을 끼쳤다.

세력인 기관과 외국인 입장에서는 액면분할을 내심 환영한다. 개인이 더 많이 들어오면 개인들을 이용한 주가 컨트롤이 쉬워지기 때문이다. 그동안 프로들끼리 하다 보니 어려웠는데 아마추어인 개인이 많이 들어오면 마음대로 올리고 내리고 조정하기 쉬워진다.

삼성전자 같은 국민주의 경우는 개인투자자의 비중이 워낙 커서 외국인의 수급이 없으면 오르기 힘들어진다.

미국의 통계자료를 보면 액면분할 후 1년 후에 다우존스 지수를 넘어선 기업은 44.6%였다. 주사위를 던져서 나올 확률과 같은 반반이기에 액면분할은 중장기적으로는 주가에 영향을 미치지 않는다.

비싼 주식이 액면분할을 안 하는 이유 - 명품은 비싸다

아직도 고가의 주식들이 있는데 이들은 왜 액면분할을 안 하는 걸까?

명품주의 장점을 알고 명품주로 남아있으려는 전략이다. 액면분할의 단점인 변동성이 커지는 것이 싫어서이기도 하다.

이런 기업들은 유동성보다 희소성을 더 중요시 한다. 아무나 다 살 수 없는 명품이라는 자부심을 포기하지 않고 기존 주주들을 보호하려는 생각도 있는 것이다.

액면병합의 목적과 시장 반응은?

액면분할과 반대로 액면을 합치는 액면병합은 유통주식 수를 줄이는 것이다.

예컨대 액면가 100원짜리 동전주식 10개를 1,000원짜리 지폐 주식 1개로 만드는 것이다. 발행주식 수가 줄고, 주당 가격이 올라가나 주식 발행액이나 자본금 규모에는 아무런 변화가 없다. 따라서 주주들의 지분가치에도 변함이 없다.

액면병합의 목적은 저가주의 이미지 개선이나 지나치게 유통주식 수가 많은 걸 조절하기 위함이다.
주식 수를 줄이고 주가를 높이는 방법으로도 사용된다.
주식 수가 줄어들어 회전율은 낮아지지만 주가 관리는 상대적으로 쉽다는 장점이 있다.
자본금 감소 없이 유통물량이 줄어들게 된다는 점에서 자본금 감소를 가져오는 무상감자와 비슷한 면이 있다.

액면병합은 시장에서 어떻게 받아들일까.
주가에 단기적으로는 호재로 작용할 수 있다. 그러나 장기적으로는 악재이다. 액면병합의 호재는 단기적으로 작용하는 경우가 많아 장기투자자는 관심 두지 않는 것이 좋다.
액면병합이 장기적으로 악재인 이유는 속은 그대로 두고 겉으로만 비싸게 보이려는 목적이 있기 때문이다. 회사의 기본은 변하지 않은 것이다. 계속 떨어지는 주가의 숫자를 한 번에 올려 싸구려로 보이지 않게 하는 착시효과를 노린 것이다.
또한 유통물량이 줄어들어 거래량이 줄어 거래가 없으면 소외되어 횡보하거나 하락하게 된다.

④ 기업분할, 방식에 따라 대처하라

기업의 특정 사업 부문을 분리하여 새로운 회사로 만드는 것을 기업분할이라 한다. 기업의 전문성을 높이고 인수·합병(M&A)을 쉽게 하도록 외환위기 이후 도입되었다.

예를 들어 경쟁력 있는 신사업을 분리, 상장해 투자금을 유치하는 데 유리하다. 특정 사업 부문을 키우기 위해 자금조달을 할 때 기업주의 자금 부담이 있는 증자보다 사업부를 떼어내어 기업공개를 통한 자금조달이 훨씬 유리하다.

물적 분할은 악재다

물적 분할은 모회사의 특정사업부를 신설회사로 만들고 지분을 100% 소유해 지배권을 행사하는 방식이다.

2022년 상반기에 LG화학이 핵심사업인 배터리 부문을 LG에너지솔루션으로 물적 분할을 하고 상장을 시킨 경우다.

이렇게 되면 주주 가치가 떨어지는 문제가 심각하다.

LG에너지솔루션이 기업공개를 하면 일반인도 주주가 되어 실질적으로 LG화학의 지분율이 낮아지게 되기 때문이다.

또 LG화학 주주들은 신규 설립하는 배터리 회사 주식을 받지 못해 핵심사업이 빠져나간 주식을 소유하는 꼴이 된다.

LG화학 투자자 중 배터리 사업의 가능성을 보고 투자한 사람은 배터리사업을 따로 떼어 분할하면 황당한 상황을 맞게 된다.

'고무줄 없는 팬티'가 되어 버린 덕에 주주들의 불만이 커지고 대부분 주가가 일시적으로 크게 하락한다.

실제로 물적 분할 소식이 알려지자 LG화학 주주들이 투매하여 5% 이상 주가가 밀렸다. 이런 날벼락을 맞게 되면 억울하고 당황될 것이다. 이때 대응 방법은 바로 매도하지 말고 조금 기다리면 기술적 반등이 나온다. 그때 물량을 줄이던지 빠져나오면 된다.

인적 분할은 호재다

인적 분할은 기존 분할회사 주주들이 지분율대로 신설 법인의 주식을 나눠 갖는 방식이다.

SK텔레콤이 반도체 및 NEW ICT 등 관련 피투자회사의 지분관리 및 신규 투자를 목적으로 하는 사업 부분을 분할 해 새로운 회사를 설립하는 경우다.

주주가 사업회사 주식을 투자회사 주식으로 교환, 지배력을 강화할 수 있어 지주회사로 전환하는 기업들이 선호한다.

만약 4:6으로 분할 비율이 산정되었다면 SK텔레콤 주식 100주를 가지고 있었다면 SK텔레콤 주식 40주, 신설회사 주식 60주를 받게 된다.

인적 분할과 물적 분할의 비교

인적분할과 물적분할의 차이는 신설 법인의 주식의 소유권이 인적분할은 기존회사의 주주에 있고 물적분할은 기존회사가 가지고 있다는 것이다. 당연히 물적분할보다 인적분할이 주주에게는 더 좋다.

분할제도의 도입 취지는 나쁜 사업 부문을 떼어내 개선하여 전체적으로 기업의 성장을 도모하고자 하는 것이다. 그런데 거꾸로 좋은 사업 부문을 떼어 기업주의 이익만 챙기는 제도로 악용되고 있다. 실제로 기업은 인적분할보다 물적분할을 선호한다.

물적분할은 주주는 불리하되 기업이 이익이고 인적분할은 주주에게 이로운 제도로 알려져 있다.

(그림 5-3) 인적 분할 공시 후 주가 흐름 예상

위 (그림)은 인적 분할 공시가 난 후 종목의 주가 모습이다.

인적분할 공시가 발표한 날 주가가 최고점을 찍고 내려가고 있다. 그동안 주가가 꾸준히 좋은 모습을 보였던 것은 업황이 양호하고 매출이 큰 폭으로 늘어난 덕이다.

인적분할이 큰 호재라면 주가는 여기서 더 갈 수 있었다.

하지만 주가가 밀린 것은 인적분할 효과에 대해 큰 기대보다 더 지켜봐야 한다는 판단이 들었다는 것이며 호재성 뉴스 이후 차익실현 물량이 나온 것으로 봐야 한다.

물적 분할은 단기적으로 주가가 하락하니 기다리고,
인적 분할은 주가가 상승하니 일단 챙기고 기다려라.

장기적으로 인적분할은 주주에게 유리하며 매출 성장이 지속되는 기업이므로 크게 밀리지 않고 다시 상승할 것이다.

간혹 인적분할의 정보를 미리 파악해 기관, 외국인이 매집한 후에 주가를 상승시키고 발표 후에 빠짐으로써 주가가 큰 폭으로 하락하는 때도 있어 주의해야 한다.

외국의 경우 기업분할을 매우 신중하게 하고 있다.

기존 주주의 가치가 훼손된다는 것이 대표소송 등으로 드러나면 큰 손해배상을 해야 하기 때문이다.

분할의 이슈를 단기적 관점으로 보기보다 장기적으로 판단을 해서 유불리를 신중하게 판단해야 한다.

재벌주의 경영방식과 지배구조의 후진성으로 코리아디스카운트에 영향을 주는 물적 분할에 대한 개선의 목소리가 크다.

물적분할을 반대하는 주주에게 주식매수청구권을 행사할 수 있도록 해 물적분할 추진 이전 가격으로 주식을 매각할 수 있어야 한다. 또 물적분할을 추진하려는 기업은 '주요 사항 보고서'를 통해 구체적인 목적, 기대효과, 주주 보호 방안을 공시하도록 해야 한다.

마지막으로 물적분할 후 자회사의 상장심사를 강화해 실질적인 주주 보호 장치가 될 수 있도록 해야 한다.

(5) 자사주 매입과 소각할 때 올라타는 방법

자사주 매입(buy-back)이란? 대주주가 자기 자금으로 자기 회사 주식을 사들이는 것을 말한다.

주주가 가장 좋아하는 뉴스 중 하나가 자사주 매입·소각이다.

이는 주가 부양책의 하나로 인식되어 있기 때문이다.

종목명	구분	체결시간	장전신청	장중신청	시간외신청	체결수량	체결가
메리츠화재	신탁매수	14:50:34		40,000		40,000	44,676
한화	직접매수	14:50:46		7,939		7,939	29,622
동양	신탁매수			150,000		0	0
종근당홀딩스	신탁매수	14:58:58		500		500	70,008
화성산업	직접매수	14:48:17		50,000		50,000	23,239
미원상사	직접매수	09:04:41	600			600	169,500
일성신약	직접매수	10:37:20	5,000			5,000	84,800
삼양식품	신탁매수					0	0
화승인더	신탁매수	15:19:28		50,000		9,472	6,039
일양약품	신탁매수	14:48:13		1,000		1,000	24,561
메리츠증권	신탁매수	14:51:39		300,000		300,000	6,642
금호석유	신탁매수	14:43:31		17,000		17,000	154,945
대교우B	신탁매수			5,000		0	0
유진기업	신탁매수			40,000		0	0
한국정보통신	신탁매수			5,000		0	0
스틱인베스트먼트	신탁매수	14:52:48		20,000		20,000	10,425

일별 종목별 체결시간 체결가 등 자사주 매매 내역

(그림 5-4) 자사주 매매 내역

위 (그림)은 종목별 자사주 신청 및 체결가를 나타내고 있다.

회사 이름으로 직접 매입하는 경우 3개월 이내에 목표 수량을 사들여야 한다. 하루에 매수할 수 있는 주식 수량이 '발행주식 총수의 1%'를 넘을 수 없다.

자사주 매입 주식은 상여금이나 포상용으로 임직원에 주는 것을 제외하고는 6개월 이내에 팔 수 없고 의결권은 인정되지 않는다.

자사주 매입은 왜 하는가

1) 자기 회사 주가가 지나치게 낮게 평가됐을 때 주가 안정을 위해 추진한다.

자사주 매입을 유보금으로 하므로 이익이 나는 기업이라는 이미지를 준다. 실제로 여유자금이므로 탄탄한 기업이다.

2) 자사주 매입을 꾸준히 하면 대주주 지분이 올라가 회사 장악력을 키울 수 있다.

적대적 M&A에 대비해 경영권을 보호하는 차원이다. 우호적인 기업과 서로 주식을 교환하는 방식으로 우호 지분을 확보하게 된다.

자사주 매입과 소각을 병행함으로써 효과는 배가된다.

자사주 소각은 매입한 자기주식을 없애는 것이다.

유통물량이 줄고 보유주식 수는 그대로이므로 1주당 가치가 높아지는 효과가 있다. 희소성의 원리를 이용하는 것이다.

예전에 허니버터 칩을 일부러 생산을 조금 하여 구하기 어렵자 가격이 많이 올라간 적이 있었다. 과자 가격이 몇만 원씩 하는 이상한 일이 벌어진 것이다. 명품도 한정판을 만들면 가격이 많이 올라가는 원리이다.

3) 자사주 매입소각은 주주 가치를 올리기 위한 차원에서 배당과 함께 사용된다.

기업 입장에서 이 방식은 재무구조 안정에 도움을 준다.

예를 들면 영업 활동으로 발생한 순이익금 중 따로 처리하지 않아 남은 미처분이익잉여금을 과도하게 보유하면 법인세가 늘어날 수 있다.

미처분이익잉여금으로 상여금 지급이나 배당으로 처리할 수 있지만 주주 가치를 끌어올리기 및 책임경영 차원에서 자사주 매입·소각이 배당보다 나을 때가 있다.

자사주 매입·소각이 주가에 주는 영향과 매매법

치트키 43　시장에서는 자사주 매입은 호재, 매입한 자사주 소각은 더블 호재로 인식하니 자사주 매입 초기에 붙어라.

1) 자사주 매입은 소각을 해야 오른다

자사주 매입을 한 상장사들은 250거래일 뒤 주가가 평균 12.5% 오른 것으로 나타났다. 주가 상승 외에 경쟁력 강화로 더 많은 투자금 유치가 가능해져 주주 및 기업 모두에게 윈-윈이 된다.

이렇게 오르기 위한 조건이 있다.

자사주를 취득하여 소각 목적인지 아닌지 공시를 확인하여 다르게 대응하자.

소각을 한다면 주가가 올라가지만 소각하지 않으면 다시 매물로 나와 투자자 입장에서는 큰 이득이 없다.

2) 주가 상승률은 중소형주가 더 높다

자사주 매입·소각으로 인한 주가상승률은 대형주보다 중소형주가 더 높다. 호재에 반응하는 속도나 탄력은 중소형주가 일반적으로 더 높은 것이다. 장점이 있으면 단점도 있는 것이 세상 이치이다. 상승율이 높은 대신 하락율도 높다. 또 빠르게 내려갈 수 있으니 민첩하게 행동해야 한다.

그리고 중소형주는 장기투자는 불안하니 단기매매를 해야 한다.

3) 자사주 매입 초기에 매수하여 적당히 오르면 매도한다

일자	현재가	전일비	거래량	개인	외국인	기관계	금융투자	은행	연기금등	사모...	기타법인
누적순매수				-66,477	+20,322	+55,188	+33,643	+2,854	+7,163	-1,202	+1
22/01/28	189,500 ▲	3,000	1,415,358	+42,762	-55,050	+4,866	+4,431	+1	-5,530	+7,942	+7,131
22/01/27	186,500 ▼	3,500	1,072,651	+28,526	-26,051	-8,365	+5,241	+1,799	-9,518	-409	+5,820
22/01/26	190,000 ▼	4,500	1,191,581	+70,677	-66,926	-15,663	+6,201		-4,684	-1,709	+11,691
22/01/25	194,500 ▼	2,500	1,174,185	+43,135	-31,248	-22,861	-12,721	-177	-6,936	+2,776	+6,492
22/01/24	197,000 ▼	3,000	659,010	+18,796	-28,703	+4,081	+19,593	+72	-8,900	-3,423	+5,893
22/01/21	200,000 ▼	2,000	513,891	+21,066	-1,058	-23,588	-3,767	+1	-12,983	-2,862	+3,495
22/01/20	202,000 ▲	1,500	451,581	+15,158	-18,981	-1,775	+9,258	+2	-7,958	-401	+5,600
22/01/19	200,500 ▼	2,000	525,014	+22,099	-6,449	-20,924	+865	-672	-12,571	-5,404	+5,412
22/01/18	202,500 ▼	2,500	580,959	+24,489	-9,937	-20,963	-3,976		-3,412	-11,542	+6,364
22/01/17	205,000 ▼	4,000	724,213	+44,887	-24,262	-26,481	-689	+27	-4,497	-16,478	+5,751
22/01/14	209,000 ▼	1,000	406,569	-5,537	+12,485	-13,100	-11,624	+133	-2,739	+508	+5,965

(그림 5-5) 현대차 일봉 차트와 자사주 매입 현황

위 (그림)에서 보면 현대차가 2022년 1월 17일부터 하락하고 있다. 현대차는 하락하는 와중에 자사주 매입을 하여 주가 방어를 하고 있다. 오른쪽 붉은 박스를 친 기타법인의 매입이 자사주 매입이다.

1월부터 주가가 하락하기 시작하자 자사주 매입을 하여 드디어 3월 15일, 162,000원 저점을 찍고 반등하기 시작한다.

자사주 매입 시에 매매법은 자사주 매입 초기에 진입하여 이동평균선에서 더 이상 올라가지 못할 때 매도한다. 자사주 매입은 기업의 실체가 바뀌는 것이 아니고 임시 부양책으로 단기 모멘텀이기에 단기 매매로 대응해야 한다.

4) R&D 투자가 높은 종목은 상승률이 낮다

자사주 매입을 하면 돈이 주주에게 환원되는 것이므로 R&D(연구개발) 투자가 줄어들 수 있다는 우려로 R&D(연구개발) 투자가 많은 업종은 상승하지 못한다.

셀트리온이 2022년 3번에 걸쳐 2500여억원 정도의 자사주 매입을 했지만 상반기에 주가가 올라가지 않았다.

R&D 업종 이유도 있고 자사주 매입 후 블록딜로 처분했기 때문에 올라가지 못한 것도 있다.

자사주 소각 공시에 무조건 매수하지 말고 다른 변수가 있다면 다시 시장에 나올 매물인지 확인하고 매매한다.

미국이 우상향하는 이유는 자사주 매입 때문이다

미국 상장사들은 자사주 매입·소각을 적극 활용 한다. 배당보다 주가 부양·안정 효과가 큰 주주 환원 정책이라고 보기 때문이다.

애플은 매년 수십조 이상 자사주를 매입소각하고 있다. 덕분에 주가는 꾸준히 우상향하면서 크고 작은 악재를 소화하면서 순항하고 있다.

반면에 자사주 매입·소각에 소극적이던 삼성전자 주가는 약세를 보였다. 아쉬운 것은 국내의 경우 보통 자사주 매입을 주가가 크게 하락한 상황에서 결정하는 경우가 많다. 그러다 보니 자사주 매입소각이 당장에 가시적인 효과를 내지 못하고 반감되기도 한다.

⑥ 감사보고서를 읽는 방법

감사보고서(report of audit)는 외부감사인인 회계법인이 기업의 재무제표를 보고 제대로 작성되었는지 검토하고 의견을 제시하는 보고서다.

12월 결산사는 사업연도 경과 후 90일 이내 사업보고서를 제출해야 하고 이때 감사보고서도 함께 첨부하도록 하고 있다. 정기주주총회 1주일 전까지 공시해야 하며 만약, 이때까지 공시가 안 되면 문제가 있는 것으로 보고 주의 깊게 확인해야 한다.

감사보고서는 금융감독원에서 제공하는 전자공시시스템(DART)에서 확인할 수 있다.

복잡한 감사보고서를 간단하게 체크 하는 요령

1) 감사보고서 맨 앞의 '감사의견'을 확인한다.

감사의견은 적정, 한정, 부적정 의견, 의견거절로 구분되어 있다.

'적정'이라고 해서 기업의 경영성과나 재무 건전성이 양호함을 보장하는 것은 아니다. 회계기준에 따라 적정하게 표시되어 있다는 의미이다.

한정, 부적정 의견, 의견거절로 나오면 관리 종목, 거래정지, 상장폐지 실질 심사 등의 시장조치가 나올 수 있다.

한정의견은 관리 종목으로 지정되었다가 또다시 한정의견이 되면 상장폐지 될 수 있다.

부적정 의견일 때는 재무제표가 왜곡되어 있다는 뜻으로 주식 보유 시 바로 처분하는 것이 좋다.

의견거절은 바로 거래정지가 되어 상장폐지 될 수 있다.

DART 코 에이디칩스

본문 2022.03.18 감사보고서제출 첨부 +첨부선택+

☞ 본 공시사항은 [한국거래소 코스닥시장본부] 소관사항입니다.

감사보고서 제출

[개별/별도재무제표 관련 감사의견 및 재무내용]

1. 감사의견 및 재무내용	당해사업연도	직전사업연도
가. 감사의견 등		
-감사의견	적정	적정
-계속기업 존속불확실성 사유 해당여부	미해당	미해당
-내부회계관리제도 검토의견 비적정 등 여부	미해당	미해당
나. 감사의견과 관련 없는 계속기업 존속 불확실성 기재여부	기재	미기재
다. 주요 재무내용(단위 : 원)		
-자산총계	53,652,157,788	45,595,101,390
-부채총계	18,585,785,271	18,007,812,808
-자본총계	35,066,372,517	27,587,288,582
-자본금	39,854,730,500	25,984,128,000
-매출액(재화의 판매 및 용역의 제공에 따른 수익액에 한함)	25,138,690,753	20,187,928,678
-영업이익	-4,477,542,632	-3,040,866,662
-법인세비용차감전계속사업이익	-12,780,970,472	-8,213,206,936
-당기순이익	-12,780,970,472	-8,213,206,936
2. 회계감사인명	인덕회계법인	
3. 감사보고서 수령일자	2022-03-18	
4. 연결재무제표 제출대상 해당여부	아니오	

(그림 5-6) 금융감독원 전자공시시스템(DART) 상 감사보고서 사례

2) 재무제표감사에서 중요한 사항은 '핵심 감사 사항'을 확인한다.

건설업, 조선업 등 수주산업은 '핵심 감사사항'을 확인해야 한다. 수주산업은 여러 기간동안 추정개입이 많아 면밀한 회계감사가 필요하다. 특별히 주의가 필요한 것을 '핵심 감사사항'으로 기재해야 한다.

3) '강조사항'으로 기재된 내용을 잘 살펴보아야 한다.

'강조사항'에는 특수관계자 등 중요 거래, 영업환경의 변화나 회사정책, 소송 등 중대한 불확실성이 기재되어 있다.

결산 관련 상장폐지 기업의 86%가 감사의견 비적정으로 나온 경우이므로 반드시 체크하고 넘어가야 한다. 다만 감사보고서는 경영실적 결과가 다 나온 후에 사후적으로 작성하는 것이므로 확인할 때는 이미 늦은 경우가 많다.

'비적정 의견'으로 나오면 공시와 함께 이미 시장조치인 거래정지 등이 완료된 경우가 대부분이다. 그러니 평소에 기업을 주의깊게 살피는 습관을 들여야 한다. 작은 뉴스 하나가 시그널이 될 수 있으니 미리 체크하는 것이 좋다. 적어도 내가 투자한 기업을 관심갖는 것은 기본이다.

'계속기업 불확실성'으로 되어 있으면 주의해야 한다. '계속기업 불확실성'이 기재된 기업은 감사의견이 적정이라도 지속해서 재무, 영업환경 등이 개선되지 않으면 향후 상장폐지나 비적정 의견이 나올 수 있다.

통계적으로 1년 이내에 상장폐지 되거나 비적정 의견을 받은 비율이 11배로 높은 것으로 나타났다.

길게 보고 투자하려면 감사보고서 확인은 필수다.

감사보고서에는 재무제표 이외에도 각종 부속명세서와 경영분석 참고자료 등 기업의 현재 모습을 파악하고 미래를 예측하는 데 도움을 주는 정보가 포함되어 있다.

특히 경영분석 참고자료에는 공인회계사의 감사를 거쳐 기업회계기준에 맞게 수정된 재정재무제표를 기초로 계산된 주요 재무비율과 함께 산업평균비율 및 회사의 전년도 수치가 비교, 표시되어 있다.

감사보고서는 이처럼 많은 정보를 담고 있어 투자자의 투자 결정, 주식상장 때 기준 가격 결정, M&A 관련 기업평가 등 기업과 관련된 의사결정에 있어서 매우 중요한 자료원으로 사용되고 있다.

회계 조작 여부도 주의를 기울여야 한다.

예를 들어 어떤 기업이 지난해 손실 규모를 1,200억원 줄여서 실적을 보고했다. 손실이 누적돼 자본잠식률이 50% 이상으로 올라가면 관리 종목으로 지정되기 때문이다. 이 기업의 지난해 사업보고서에 보고된 자본잠식률은 46.7%다.

이와 같이 투자 결정을 하기 전에 반드시 관심 종목에 대한 감사보고서 내용을 검토하는 습관에 익숙해야 한다.

특히 가치투자나 실적투자, 중장기 투자를 목표로 하는 투자자는 기업의 건강검진표와 같은 감사보고서를 구석구석 체크 할 필요가 있다.

7 관리 종목과 상장폐지, 죽거나 다치거나

관리 종목 지정 기준과 매매 방법

시장의 건전성을 위한 관리 종목과 상장폐지 제도가 있다.

관리 종목은 최소한 유동성을 갖추지 못하였거나 영업실적 악화 등으로 상장폐지기준에 해당할 우려가 있는 종목이다.

관리 종목 지정 기준

- 감사의견이 감사 범위 제한으로 인한 한정, 반기 검토 의견이 부적정 또는 의견 거절된 경우
- 사업보고서상 자본금의 50% 이상이 잠식된 경우
- 주식분포 미달, 월평균거래량이 유동주식 수의 1% 미만 거래된 경우
- 증권거래법상 사외이사수 및 감사위원회 구성요건을 미충족한 경우
- 공시의무 위반 누계벌점 15점 이상, 매출액이 최근 사업연도 50억 원 미만, 주가 수준이 액면가의 20% 미만 30매매일간 계속된 경우
- 시가총액 50억 원 미만 상태가 30매매일간 계속된 경우

관리 종목 지정 사유가 발생하면 투자자들의 투매로 주가가 폭락하는 경우가 많다. 결산 시즌 매년 2~3월이면 실적 악화를 공시하는 사례가 나오면서 주가가 급락하는 일이 빈번하다.

관리 종목의 매매 방법은 전장과 후장별로 접수된 호가를 동시호가로 취급하며 가격 결정은 단일 가격에 의한 개별경쟁매매의 방식을 취한다.

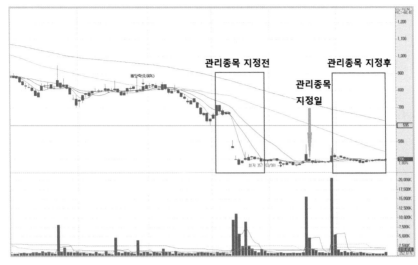

(그림 5-7) 관리 종목 지정 종목의 주가 흐름

위 (그림)에서 관리 종목 지정 전에 이미 주가가 폭락한 것을 볼 수 있다. 사전에 정보가 알려진 것으로 보면 된다. 이런 경우는 관리 종목 지정 전과 후의 가격 차이는 별로 발생하지 않는다.

간혹 관리 종목 지정 직전에 피하거나 지정 이후 상장폐지를 피하고 상승 세를 타는 종목도 있다.

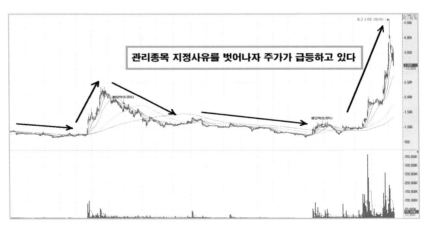

(그림 5-8) 관리 종목의 위기를 벗어난 주가 흐름

위 (그림)은 3년 동안 영업적자를 기록하며 관리 종목 지정 위기에 있다가 흑자로 돌아서면서 주가가 급등하는 모습이다.

그러나 그 기업을 깊은 속까지 알지 못한다면 흑자로 돌아설 시기를 알 수 없고 흑자로 돌아설 확률도 많지 않으니 조심해야 한다.

상장폐지 사유와 대처법

통계적 지표로 상장폐지를 미리 감지하는 방법이 있다.

상장폐지 사유
- 사업보고서 미제출
- 감사인의 의견거절 3년 이상
- 영업정지
- 부도 발생
- 주식분산 미달
- 자본잠식 3년 이상

- 현금으로 갚지 않아도 되는 CB, BW, 채권 발행을 자주할 경우.
- 자본잠식이 깊어질 경우
- 최대 주주가 변경될 경우 – 상장폐지를 미리 예상하고 최대주주는 빠져나간다.
- 회사가 잘 돌아가지 않으니 불성실공시를 자주 할 경우.

이런 기업은 아무리 급등해도 빨리 빠져나와야 한다.

그나마 다행인 것은 증시에서 퇴출당한다고 주식과 주권 자체가 사라지는 것은 아니기 때문에 장외에서 개인 간 거래는 가능하다.

상장폐지가 결정되면 '정리매매'의 기간이 있다. 거래일 기준으로 5~15일 정도 거래가 허용되는데 30분 단위의 단일가 매매로 하루 13회 체결된다.

가격제한폭이 없기 때문에 간혹 이를 이용해 투기꾼들이 몰려들어 투기장이 되기도 한다. 한 번에 100~300% 변동성이 나오기도 하는데 계속 더 올라갈까 현혹되지 말고 적당한 가격에 빠져나오는 기회로 삼아야 한다.

욕심을 버리고 상식을 벗어나지 않으면 된다. 과욕을 부리지 않으면 당할 일이 없다.

> **치트키 44** 최근 3년 연속 영업손실, 지난해 3분기까지 영업손실을 낸 회사는 아무리 호재가 나와도 무조건 제외하라.

급등주를 찾다가 치트키44를 무시하면 큰 화를 당한다.

경영 안정성이 미흡하거나 재무 상태가 좋지 않은 기업은 사전에 파악할 수 있다.

금융감독원 공시시스템이나 포털사이트에서 해당 종목과 관련된 감사보고서, 증권정보, 관련 기사 검색 등 가능하다.

이런 기업은 일시적으로 주가 변동이 심할 수 있지만 투자대상에서 제외하는 것이 좋다. 동전주 즉 1,000원 미만의 낮은 주가를 형성하는 종목도 가능하면 다루지 않는 것이 좋다.

ETF도 상장폐지 되는 경우가 있다

ETF란?

여러 종목을 모아 하나의 테마를 만들거나 주가지수의 변동성과 동일한 투자 성과를 얻기 위해 만든 포트폴리오이다.

예를 들면 2차전지산업, 코스닥150(코스닥 종목 중 상위 150개로 이루어진 ETF) 등이 있다.

ETF 상장폐지 이유

1) 운용규모 미달

상장된 지 1년 지난 후 자본금이나 신탁원 본액이 50억원 미만이거나 하루 평균 거래대금이 500만원 미만인 ETF는 관리종목으로 지정시 종목 사유가 해소되지 못하면 상장 폐지된다.

2) 추적오차

추적오차란? ETF는 기초지수를 추종하는데 ETF 변동성이 주가지수와 벌어지는 오차를 추적오차라 한다.
ETF의 일간변동률과 기초지수의 변동률 상관계수가 0.9 미만인 상태로 3개월 이상 되면 상장폐지 된다.

3) 기타 유동성문제, 신고의무 위반 등이 되면 상장폐지된다.

ETF는 다행히 상장폐지 되더라도 주식처럼 휴지가 되지는 않고 안전하게 보관되어 있어 ETF 청산 시 투자자에게 그대로 지급된다. 하지만 하락하여 손실 나면 금액은 복구하기 어려우므로 처음에 상장폐지 되지 않을 ETF로 선택을 잘해야 한다.
상장폐지되지 않을 안전한 ETF는 오랫동안 유지되고 거래량이 어느 정도 유지되는 종목이 해당된다.

8 자본잠식 기업을 피하는 것만으로도 성공투자다

자본잠식은 '자본이 깎여나간다는 뜻'으로 기업이 원래 갖고 있던 자기자본이 줄어드는 현상이다.

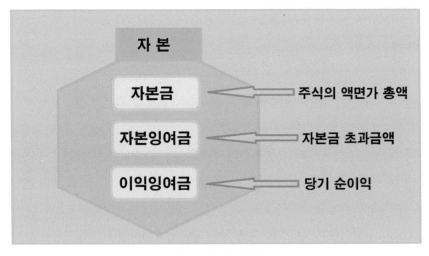

(그림 5-9) 자본의 구성

자본은 주식 자기자본, 순자산이라고도 한다.

자본은 자본금, 자본잉여금, 이익잉여금으로 구성된다.

자본금은 주식의 액면가 총액, 자본잉여금은 주식발행초과금을 자본금에 남겨놓은 것이고, 이익잉여금은 배당금으로 지급하고 남은 이익금을 자본에 쌓아 놓은 것이다.

정상적으로 성장하는 기업이라면 매년 자본이 늘어난다.

그런데 벌어들인 돈보다 지출한 돈이 많으면 자본의 일부인 이익잉여금을 쓰게 되고 이것마저 써버리게 되면 마침내 자본금까지 사용해야 하는 상황까지 간다.

이렇게 적자 누적으로 인해 잉여금이 마이너스가 되는 것을 자본잠식이라 한다. 자본잠식은 기업의 재정이 위험하다는 신호다.

자본잠식률은 '자본금에서 자본총계(자산-부채)를 뺀 것을 자본금으로 나눈 비율'이다. 잠식률이 높을수록 위험한 기업이고, 낮을수록 건실한 기업이라고 보면 된다.

자본잠식이 50% 이상이면 관리 종목 편입 사유가 된다.

2년 연속 50% 이상일 때와 완전 자본잠식 상태일 경우에는 상장폐지 된다.

납입자본금과 잉여금을 더한 자본총계마저 마이너스가 되면 완전 자본잠식, 자본전액잠식이라고 한다.

자본잠식 상태에 들어가면 주가가 폭락하고 은행들은 빌려줬던 돈을 회수하기 시작한다.

단 퇴출 사유에 해당하더라도 사업보고서 제출기한 내에 자본잠식을 해소하고 이를 입증하는 재무상태표와 감사보고서를 제출하면 상장 유지가 가능하다.

자본잠식 기업 확인하는 법

기업이 공시하는 감사보고서의 감사의견 및 재무 내용을 체크하면 된다.

자본잠식 기업 찾기 예	
자본금	5000억
자본총계(자기자본)	3000억
당기순이익	-1000억
자본잠식= 자본금-자본총계=2000억	
자본잠식률=3000억÷5000억×100=60%	

(표 1) 자본잠식 기업 사례

(표1)은 어떤 기업의 재무제표를 확인하고 자본잠식 여부를 계산 한 것이다. 자본잠식률은 무려 60%가 나왔다.

자본잠식을 확인하는 방법은?

전자공시시스템에서 해당 기업의 반기나 사업보고서를 클릭하고 연결재무제표를 클릭하여 재무상태표의 자본금 및 자본총계와 포괄 손익계산서의 당기순이익(손실) 부분을 체크 한다.

자본잠식 상태에 빠져있는지 각 항목을 체크한 후 계산해 본다.

기업이 자본잠식을 탈출하는 방법

1) 감자는 부실기업들이 자본잠식 탈출을 위한 가장 손쉬운 방법이다.

감자란 주식수를 줄여 기업의 누적 결손금을 주주의 손실로 처리하는 것을 말한다. 즉, 줄어든 자기자본에 맞춰 자본금도 그만큼 줄이면 된다.

예를 들어 자본금 5,000만 원인 회사의 자기자본이 2,000만 원까지 추락할 경우, 60% 무상감자를 통해 자본금을 2,000만 원까지 줄인다면 자본잠식을 벗어나게 된다.

그런 이유로 무상감자는 악재이므로 이에 잘 대응해야 한다.

2) 자산재평가로 자본잠식을 벗어날 수 있다.

자산재평가는 기업이 예전부터 갖고 있던 땅이나 기계와 같은 자산이 장부에 과거의 가격으로 반영돼 있을 때, 이를 현재 가격으로 다시 바꾸는 것이다.

예를 들어 자본잠식 기업의 땅이 장부에 10억 원으로 기재되어 있다가 값이 올라 현재는 100억 원이라면 자산재평가를 하면 기업의 자기자본은 90억 원이 늘어나 자본잠식을 해소하게 된다.

주의할 점은 장부상 수치의 변화만 있을 뿐 실제로 돈이 들어온 것은 없다. 그래서 자본잠식에서 벗어났을 때 어떻게 벗어났는지 주의깊게 살펴야 한다.

제 6 장

세력들도 보는
보조지표 포인트

매도, 매수 시기를 알려주는 MACD

MACD 원리와 쉬운 매수, 매도 신호

3개월에 20~30%씩 안정적으로 수익을 낼 수 있다면 어떨까?

한 종목으로 1주일에 100% 수익을 낼 수는 있지만 전체 금액의 수익률이 아니기에 전체 수익률은 10%도 안될 수 있다.

그러나 MACD 보조지표로 1년에 20~30%씩 4회 하면 80~120%를 안정적으로 수익을 낼 수 있다. 왜 한 번에 20~30%일까? 세력들은 한 번 수익을 내려면 그 정도를 올리기 때문이다.

> **치트키 45** MACD 이평선이 벌어졌을 때 주식을 사고 이평선이 만날 때 팔면 20~30% 수익이 난다.

MACD(Moving Average Convergence and Divergence)를 해석하면 〈집중과 확산의 이동평균〉이라는 뜻이다.

즉 주가의 단기이평선과 장기이평선의 멀고 가까운 것을 나타내는 지표다. 이평선간의 간격을 이용하여 매매 신호를 포착할 수 있다.

MACD는 장기 이평선과 단기이평선이 서로 멀어지게 되면 언젠가는 회복력에 의해 다시 가까워져 서로 교차하게 된다는 원리를 이용한 것이다.

단순 이평선은 추세전환 신호가 늦게 나타나는 단점이 있어 이를 해결하기 위해서 MACD에서는 지수이동평균을 사용하는 것이다.

1~3달 단기 추세방향을 알려주어 이 시기에 맞추어 매매를 하면 큰 도움을 받을 수 있는 보조지표다.

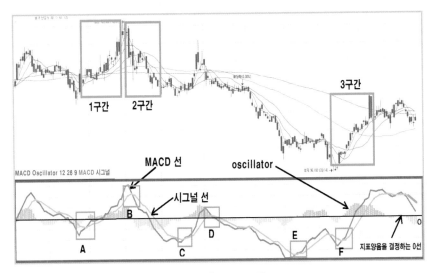

(그림 6-1) MACD 차트

위 (그림)에서 위쪽 차트는 일봉 차트, 아래쪽 붉은선 박스의 차트가 MACD 값과 시그널의 값을 그래프로 나타낸 것이다.

MACD 단기 이동평균기간을 12일로 했고 장기 이동평균기간을 26일로 설정했다. 시그널 선은 9일로 설정했다. 시그널선은 9일 동안 이동평균한 선이다.

아래 MACD선(주황색)은 일봉 5일 이평선(붉은색)과 비슷하게 움직이고, 시그널선(연보라)은 10일 이평선(파란색)과 비슷하게 움직인다.

MACD의 값이 양수이면 단기 이동평균이 장기 이동평균보다 위쪽에 위치하고 주가가 상승한 결과다. 음수의 경우 MACD 선은 음수가 되고 주가가 하락한 결과다.

시그널선은 9일 동안의 MACD지수 이평선이므로 MACD선과 시그널선이 교차하는 시점이 하단에서 A~F까지이다.

MACD선이 시그널선 위로 올라가게 되면(골든크로스) MACD가 9일 동안의 평균보다 높게 형성되었다는 의미이므로 매수 신호이며 위 (그림)에서 A, C, E, F다.

반대로 MACD선이 시그널선 아래로 내려가게 되면(데드크로스) 매도 신호로 위 그림에서 B, D다.

이것을 정리하면 이렇다

- **MACD가 양으로 증가하면 매수한다.**
- **MACD가 시그널을 골든크로스하면 매수한다.**
- **MACD가 0선을 상향 돌파하면 매수한다.**

MACD 다이버전스 활용하여 움직임 예측하는 법

MACD는 장기 추세전환 시점을 찾는 것보다는 1~3달 정도의 중기 추세 방향과 주가 움직임을 분석하기 좋다.

다이버전스(divergence)를 확인하면 앞으로 상승, 하락 추세를 미리 예측할 수 있다.

(그림6-1)에서 E보다 F의 하늘색선 길이가 더 짧다. 그러나 같은 구간의 일봉은 E보다 F가 더 낮다. 이렇게 일봉이 더 긴데 MACD가 짧게 반대로 나타날때는 곧 상승할 수 있다.

이렇게 주가의 추세와 MACD 오실레이터의 크기가 역행하면 추세 전환 예상이 가능하다.

다이버전스(divergence)

- 주가가 주식의 기술적 지표와 다른 방향으로 움직이는 현상. 주식은 오르는데 지표가 전보다 저점이라면 곧 하락할 것으로 예측한다.
- 영어사전에서는 큰 의견차이라고 되어 있다.

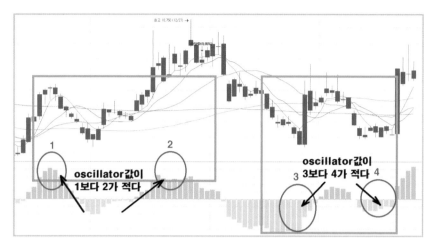

(그림 6-2) MACD oscillator 값과 주가의 관계

위 (그림)의 1, 2처럼 주가가 상승하는 추세이고 주가는 전고점을 넘어섰는데 지금 고점에서의 오실레이터 값(2)이 전보다 작으면(하락형 다이버전스) 슬슬 하락세로 돌아설 것에 대비하여야 한다.

3, 4처럼 주가가 하락 추세라도 전저점의 오실레이터 값(3)에 비해 지금의 저점에서의 오실레이터 값(4)이 작으면(상승형 다이버전스) 곧 상승 추세로 돌아설 것에 대비하여야 한다.

다이버전스는 기본적으로 추세가 전환되는 경우가 많다. 그러므로 하락형 다이버전스가 나타나면 주식을 정리하는 것이 좋고 상승형 다이버전스가 나타나면 주식을 최대로 매수하는 것이 좋다.

MACD의 한계는 이평선의 움직임을 일정한 산술에 따라 표시한 것으로 이평선 매매법의 응용이다. 따라서 이평선의 단점을 그대로 가지고 있어 RSI 등 다른 지표와 병행하면 더 정확도가 높다.

MACD가 상승을 나타내는데 다른 지표가 하락을 나타내면 매수를 보류하는 것이 좋다.

② 추세가 바뀌는 것을 알려주는 지표 RSI

주식의 중기 추세를 알 수 있다면 얼마나 좋을까.

RSI는 상대강도지수(RSI, Relative Strength Index)의 약자다.

일정 기간 현재 주가가 전일 주가에 비해 상승 또는 하락한 변화량의 평균 값의 상승 폭이 크다면 과매수, 하락 폭이 크다면 과매도로 본다.

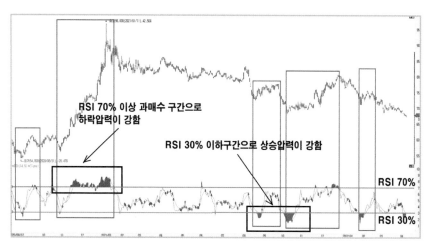

(그림 6-3) 삼성전자 주가와 RSI : 출처 삼성증권 POP

위 (그림)은 삼성전자의 주가 차트에 RSI 지표를 설정한 것이다.

검은색 박스의 붉은색으로 채워져 있는 70% 이상 과매수 구간에 진입하면 머지않아 하락하는 모습을 보여 주고 있다.

반대로 푸른색으로 채워져 있는 30% 이하 과매도 구간에 진입하면 머지않아 주가가 반등하는 모습이다.

이런 식으로 주가의 천정인 고점과 바닥인 저점을 찾을 수 있다.

단순히 과매도 구간에서 샀다가 과매수 구간에서 팔기만 해도 꽤 괜찮은 수익을 얻을 수 있다. 구체적인 방법을 제시하면, 과매도나 과매수에 진입할 때부터 서서히 분할로 매수,매도를 하고 벗어날 때 매도매수를 끝낸다. 참 쉽다.

삼성전자뿐만 아니라 시가총액이 큰 대형주의 경우 RSI 지표대로 반응하는 경우가 많다. 외국 종목도 테슬라를 비롯해 다른 주식들 또한 비슷한 움직임을 보여 주고 있다.

RSI 지표의 한계는 추가 상승과 추가 하락

(그림6-3)에서 왼쪽 검은색 박스 안에 붉은색 산이 두 개가 있다.

처음 붉은색 과매수 구간에서 고점이라고 매도한 사람은 이후 추가 상승의 기회를 놓치게 된다. 이렇게 상승 중에 70% 이상이 나와도 하락하지 않고 계속 상승하는 때도 있다.

반대로 30% 이하 과매도 구간이라도 하염없이 더 하락하는 종목도 많다. 예를 들어 RSI가 30 미만으로 떨어졌음에도 불구하고 며칠 동안 연속으로 계속 하락하는 때도 있다.

호재가 난 경우는 지수가 70% 이상이어도 계속 상승하는 경우가 많다. 이때는 과매수 구간이라도 더 갈 수 있다.

상승 후에 또 상승이 나올지 예측이 가능하다.

과매수 기간 이후에 또 상승이 나올 수 있는 것을 어떻게 알 수 있을까?

확률적으로 대세 상승 구간에서는 상승 후에 또 상승이 나오고 대세 하락 구간에서는 하락 후에 또 하락이 나올 확률이 높다. 그러니 지금이 상승세를 타는지 하락세를 타는지 큰 흐름을 먼저 보는 것이 중요하다.

또한 주도주인 경우도 계속 상승이 나올 수 있고 업황이 장기적으로 좋다거나 수급이 강하게 들어왔을 때 더 갈 수 있다.

RSI 효율적인 활용법

> **치트키 46**
> RSI의 한계를 대처하는 방법으로 기간을 장기로 설정하라. 고점 간의 차이가 발생해 조금 더 정확하다.

RSI 지표상 상승 추세에서 과매수권 진입이 자주 나타나기 때문에 고점이라고 판단하면 안 된다.

그럼 이런 한계를 보완하는 방법은 없을까?

해답은 바로 기간을 장기로 설정하면 된다. 기간이 14일로 설정되어 있다면 25 정도로 늘리면 더 정확한 과매수, 매도 신호가 나온다.

기간을 단기로 설정할수록 더 자주 과매수, 매도 신호가 나온다.

초기 과매수권에 처음 진입하면 다른 지표(MACD, 거래량, 뉴스)로 고점 분석을 심도 있게 하면서 하락의 가능성을 두고 대응한다. 세력들이 빠져나갔는지 주체들의 보유량으로 확인하며 대응하자.

처음으로 과매도권에 진입한 경우 매수를 검토하되 상승 모멘텀이 무엇인지, 저점인지를 다른 지표를 통해 분석한 후 결정한다.

대형 호재인지, 기술적 반등인지 파악하여 물량을 어느 정도 투입할 것인지 판단한다. 투자, 수주 등은 비교적 상승이 오래가고 기술적 반등은 차트에서 저항선까지 목표를 두면 된다.

또한 처음 과매도권이 나오면 분할로 조금씩 매입하기 시작하여 미래의 불확실성을 줄일 수 있다.

'가짜 매도 신호'를 포착하고 '매수 시점'을 찾는 법

(그림 6-4) 가짜 매도 신호 사례

위 (그림)과 같이 고점에서 크게 하락한 경우가 있다.

저점을 지나 반등하면서 상승 흐름을 타고 갈 때 오른쪽 붉은 박스처럼 '과매수 구간'으로 표시가 나올 때가 있다. 여기서 매도해야 할까?

안된다. 여기는 단기 과매수이므로 매도하고 싶다면 단기 매도하고 눌림목에서 다시 매수하는 전략을 쓰자. 이 신호를 보고 전량 매도하면 뒤에 올 장기상승의 과실을 놓치게 된다. 이것은 '가짜 매도 신호'이며 이 신호를 구별하는 조건은 아래와 같다.

1) '과매수 구간'이더라도 여전히 상대적으로 저점 가격 수준이어야 한다.
2) 업황이 좋아지고 있거나 실적이 좋아지고 있어야 한다.
3) 기관 및 외국인이 저점에서부터 집중 매수를 하면서 상승을 이끌고 있어야 한다.

주가의 변동 폭을 예측하는 볼린저밴드
(Bollinger Band)

볼린저밴드는 '주가가 이평선을 중심으로 일정한 범위 안에서 움직인다' 는 것을 전제로 한다. 볼린저밴드는 중심선인 '20일 이평선'과 중심선에서 '표준편차×2'를 더한 상한선, '표준편차×2'를 뺀 하한선으로 구성된다.

(그림 6-5) 볼린저밴드

위 (그림)은 볼린저밴드와 일봉 모습이다. 위쪽에 붉은 선이 상한선, 아래 쪽 파란색 선이 하한선, 가운데 분홍색이 중심선이다.

1구간, 3구간을 보면 주가가 볼린저밴드의 하한선을 지나 중심선을 뚫고 올라가면서 주가가 급등하는 신호를 보여 주고 있다.

반면에 2구간에서는 중심선을 아래로 뚫고 내려가면서 주가가 급락하고 있다. 볼린저밴드는 주가의 상대적인 가격 수준과 변동성을 확인할 수 있고 가격 움직임이나 기타 지표들과 결합해 신호를 만들고 움직임을 예측하는 데 도움을 준다.

일봉을 보면 이평선을 뚫고 올라가려다 바로 떨어지는 경우가 있다. 이런 것은 속임수이므로 이 때는 주봉을 보는 것이 더 정확하다. 하루 단위보다는 주 단위로 조금 더 여유를 가지고 결정하는 것이 속임수를 피하는데 좋다. 주가는 90% 이상 볼린저밴드 내에서 반복하면서 움직인다.

존 볼린저의 '볼린저밴드 투자기법' 핵심 세 가지

1) 변동성 돌파 기법
밴드 자체의 폭이 수축하거나, 확장하는 변동성을 활용하는 것이다.

치트키 47	볼린저밴드의 폭이 축소되면서 밀집 구간을 거친 후에 상한선을 돌파할 때 매수, 하한선을 돌파하면 매도(공매도)하라.

2) 추세 추종기법
주가가 이평선과 상한선 사이 상단 밴드에 진입 또는 상한선에 접근하고 다른 지표들이 강세를 보이면 상승추세로 예측하고 매수한다. (1구간)

반대로 이평선과 하한선 사이 하단밴드에 진입 또는 하한선에 접근하고 다른 지표들이 약세를 보이면 하락 추세로 보고 매도한다.(2구간)

이것이 가능한 이유는 주식은 '관성의 법칙'이 있기 때문이다. 한쪽으로 방향을 잡으면 당분간은 그 쪽 방향으로 움직이려는 성질이 있다.

굳이 물리이론으로 설명하지 않아도 세력의 심리로 설명하면 해석이 된다. 세력들은 10% 이내 수익이 목표가 아니다. 적어도 20~30%는 되야 매도로 전환한다. 그래서 1~2달 정도의 기간이 필요한 것이다. 상세한 기간은 다른 지표와 매수추이를 함께 보며 판단하면 정확하다.

짧게(작은 파도)는 1~2달, 길게(큰 파도)는 1~2년을 같은 방향으로 움직인다. 큰 방향은 주봉 볼린저밴드로 파악하고 짧은 방향은 일봉 볼린저 밴드를 확인하며 매매하면 된다. 장기 전망이 좋은 주식을 초기에 올라타서 작은 파도 타기를 하며 끝까지 가면 100%~200% 정도의 수익을 얻을 수 있다. 방향성이 있다는 것은 불확실한 주식이 그래도 조금은 쉬운 측면이므로 이것을 잘 활용하면 큰 수익을 얻을 수 있다.

3) 반전기법

주가가 상한선을 수차례 건드리고 거래량 등 주요 주가 지표가 약세를 보이면 상한선 부근에서 매도한다. (2구간 직전)

반대로 주가가 하한선을 여러 차례 건드리고 주가 지표가 강세를 보이면 하한선 근처에서 매수한다.

밴드폭이 좁을 경우 기다리자

등락 폭이 큰 주식은 변동성 신호를 쉽게 해석할 수 있다. 하지만 가격이 완만하게 흐르는 주식의 경우 주가의 볼린저밴드는 밴드 폭 자체가 좁아 불명확하다.

이럴 때는 조만간 위로든 아래로든 변동성이 커질 수 있으므로 장대양봉이나 장대음봉이 나오면 대응하자. 미리 주가를 예측하여 사거나 팔지 말고 기다렸다가 신호가 나오면 그 때 움직여도 늦지 않다.

세력의 매집을 알려주는 OBV

거래량은 주가보다 앞선다.

거래량이 주가보다 중요하다.

주가 차트는 속일 수 있지만 거래량은 속일 수 없다. 매매한 그대로 차트에 표시되기 때문이다.

사람들이 무엇을 많이 샀다는 것은 그것이 인기 있기 때문이고 조만간 가격이 오른다. 이것은 일상에서도 통용되는 일반적인 상식이다.

그러므로 봉차트를 보기 전에 먼저 거래량을 보라.

거래량을 통해 주가의 방향을 알려주는 보조지표가 OBV(On Balance Volume)(누적평균거래량)이다. 그런 의미에서 OBV는 대단한 보조지표이고 소중한 보조지표이다.

OBV는 주가가 떨어질 때 일시적인 것인지 아니면 추세의 하락인지도 알려주고 올라갈 때도 마찬가지다.

OBV는 매일매일의 거래량을 바탕으로 계산되며 이 수치들을 하나의 곡선으로 연결하여 만든다.

예를 들어보자. 주가가 어제보다 상승했을 때 오늘의 OBV는 어제 OBV에 오늘의 거래량을 더한 값이 된다.

주가가 어제보다 하락 시 오늘의 OBV는 어제 OBV에 오늘의 거래량을 뺀 값이다. 주가가 변동이 없으면 어제와 오늘의 OBV는 동일하다.

기간	주가	주가변동	거래량	OBV변화량	OBV결과
1일	100		20	–	–
2일	103(+3)	상승	30	+30	30
3일	105(+2)	상승	50	+50	80
4일	102(-3)	하락	40	-40	40
5일	102	동일	50	0	40

(표2) OBV 계산표

(표2)와 같이 OBV를 계산해서 선으로 연결시키면 주가 변화와 관련한 흐름을 비교적 쉽게 파악할 수 있다.

OBV로 예측 확률을 높이는 법

OBV가 증가하면 매수세가 증가하고 OBV가 감소하면 매수세가 감소한다. 매수세가 강력하다는 점은 조만간 주가가 상승 전환하거나 더 큰 상승세를 보일 수 있다는 의미다.

반대로 OBV가 감소한다는 것은 매도세가 더 커진다는 것이며, 주가가 조만간 하락 전환할 가능성이 커진다는 의미다.

주가의 하락 가능성이 더 높아지는 셈이다.

OBV는 전체 시장이나 특정 종목이 현재 매집 단계에 있는지, 분산 단계에 있는지를 분석하기 위한 지표다.

특히 주식시장이 크게 변동하지 않고 정체상태를 보일 때나 바닥권에 머물고 있을 때 주가 변화를 예측하는 데 유용하게 쓰인다.

OBV 지표의 핵심 전제는 거래량이 특정하고 다소 예측 가능한 방식으로 자산 가격에 영향을 미친다는 것이다.

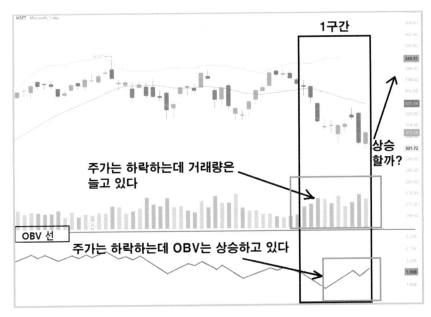

(그림 6-6) OBV 지표와 차트분석

위 (그림) 1구간 파란 박스를 보면 하락 중에 거래량이 줄지 않고 늘어나고 있다. 또 아래 작은 파란 박스를 보면 주가 하락에도 OBV 지표는 우상향하고 있다.

일반적으로 주가가 하락하면 투매 양상을 보이면서 OBV선도 같이 하락한다. 주가가 하락하는데 OBV 선이 올라가는 반대의 현상은 무슨 의미인가?

주가가 하락함에도 불구하고 저점이 형성될 때마다 세력들의 매집 활동이 진행되고 있다고 해석한다.

이런 종목은 조만간 주가의 흐름에 상관없이 하락을 멈추고 주가가 큰 상 승세로 돌아선다는 것을 암시하고 있다.

이와 같이 OBV 지표가 상승하면 세력들이 매집하여 조만간 주가는 올라 갈 것으로 본다.

> **치트키 48** 주가가 하락함에도 매수세가 강하게 들어오고 있다는 것은 조만간 주가가 상승할 것으로 예상 되니 매수하라.

다시 말하지만 거래량은 주가보다 앞선다.

예를 들어 대량 거래량이 터지면 하루 이틀 조정을 주더라도 조금 더 긴 시간으로 보면 결과적으로 상승한다는 것이다.

주가가 상승하는데 OBV선은 횡보하거나 하락한다면?

주가가 상승하면서 매집세력이 이익을 실현하고 있다고 해석한다. 주가는 조만간 하락세로 바뀔 것이다.

주가가 보합권에서 횡보할 때 OBV선이 하락한다면?

앞으로 주가는 하락할 가능성이 높다. 주식 차트는 인위적으로 만들 수 있 다. 그러나 거래량을 참조하는 OBV는 정직하다.

제 7 장

세력의 심리를
읽는 차트

이격도 매매기법으로 고수익 내는 법

이격도란 멀어진 크기다

**이격도 매매는 내려간 것은 반드시 올라오고, 올라온 것은 언젠가는 내려
간다는 원리로 벌어진 차이를 이용한 매매이기에 수익확률이 아주 높다.**

이격도란 주가와 이평선 간의 벌어진 괴리를 보여 주는 지표로 주가를 이
동평균치로 나눈 백분율이다.

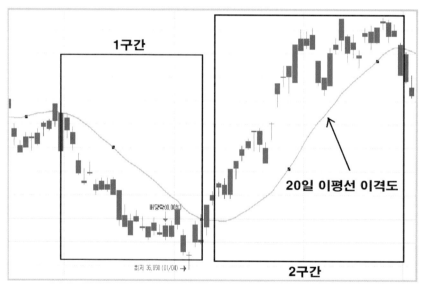

(그림 7-1) 20일 이평선과 일봉상 이격도

위 (그림) 1구간에서는 주가가 하락하고 있고 이격도가 100 이하이며 주
가가 20일 이평선 아래에 있다. 단기적으로 주가가 하락한 것이다.

2구간은 가격이 상승국면이며 이격도가 100 이상이며 주가가 20일 이평
선보다 위에 있다. 이격도가 100 이상이면 주가가 최근 상승했음을 뜻한다.

예를 들면 당일 종가가 10,900원이고 20일 이동평균가격이 10,000원이라면 20일 이평선 이격도는 109%가 된다. 이격도가 100%이면 주가와 이평선이 일치한다. 반대로 100% 이하는 주가가 이평선 아래에 있는 상태이다.

하락국면에서는 90~92%에서 매수 시점으로 인식하고 상승국면에서는 105~110% 위치에서 매도 시점으로 본다.

이격도는 20일선을 기준으로 5~10% 등락 사이에서 매수와 매도에 대한 의사결정을 한다.

멀어지면 사고 가까워지면 판다

이격도는 일봉, 주봉, 월봉에 따라 다르게 나타나므로 자신의 투자 패턴에 맞게 설정하여 본다.

이격도가 일정 수준 이상이나 이하에서 변곡점이 나타나거나 기준값을 돌파하면 매수·매도의 시점으로 판단한다. 주가가 평균선에서 멀어지면 다시 평균선으로 돌아가려는 회귀성을 이용한 것이다.

이것을 '평균 매매법'이라고 이름을 붙여본다. 평균보다 주가가 낮으면 매수하고 평균보다 주가가 높으면 매도한다. 너무 심플하고 쉽다.

주가가 상승국면일 때 20일 이평선 기준으로 이격도 105% 이상이면 과열된 수준이니 매도하고, 98% 수준이면 매수한다.

주가가 하락국면일 경우에는 20일 이평선 기준으로 이격도 102% 이상이면 조만간 하락할 것으로 보고 매도하고, 92% 수준이면 곧 상승 가능성이 높은 것으로 보아 매수한다.

한편, 60일 이동평균인 경우 상승국면일 때 110% 이상이면 매도, 98% 수준이면 매수 시점으로 판단한다.

하락국면일 때 60일 이동평균인 경우 104% 이상이면 매도, 88% 수준이면 매수 시점이다.

종합주가지수의 경우 95% 미만이면 '침체', 110% 이상이면 '과열', 115% 이상이면 '초과열' 국면으로 보기도 한다.

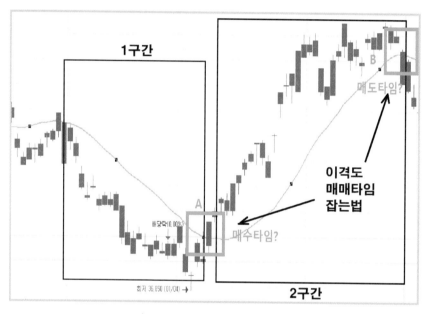

(그림7-2) 이격도를 활용한 매매

위 (그림)에서 보면, 1구간의 A시점이 매수 타임이다. 하락하면서 이격도가 멀어졌다가 좁혀지면서 20일 이격도 선을 돌파하는 시점이다.

매도타임은 2구간 B시점으로 잡을 수 있다.

상승국면에서 이격도가 멀어지며 상승하다가 다시 좁혀지면서 20일 이격도 선을 아래로 돌파하는 시점이다.

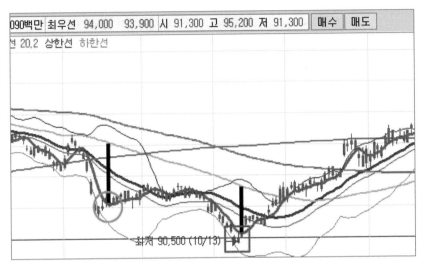

(그림 7-3) SK하이닉스 이격도 차트

 이평선 동일 비율 매매법

　일반적으로 서로 다른 이평선이 같은 비율도 벌어졌을 때 주가는 최저점에서 상승한다.

　예를 들어 위 (그림)에서 왼쪽 주황색 원 부분을 보면 5일(빨간선)과 20일(파란선) 이격도와, 20일(파란선)과 60일(노란선) 이평선 사이의 공간(이격)이 같은 비율(검은선)로 벌어진 후 상승한다.

　중간에 위치한 빨간 네모박스에서도 마찬가지다.

　이때 분할매수를 하면 싸게 살 수 있다.

　골든크로스까지 기다렸다가는 이미 올라 다시 떨어지거나 수익율이 낮기에 이격도가 최대일때 사는 것이 최저가에 살 수 있다.

한 번에 사기 위험하면 나누어 사는 것이다. 이격도가 최대일 때 일부 매수하고 골든크로스 때도 일부 매수한다. 그러다 떨어지면 빨리 파는 것이 아니라 더 떨어지기를 기다렸다가 다시 매수한다. 이렇게 하면 평균 매수가가 이평선보다 낮아 수익이 난다.

위 (그림)에서 예를 들어보면 골든크로스 나기 전에 주황색 타원 부분에서 30%를 산다. 주가는 조금 올라가다가 글든크로스를 넘지 못하고 다시 떨어진다.

이격도가 대칭을 이루는 네모빨간박스 부분에서 다시 30%를 산다.

다시 올라가면 골든크로스 부분에서 30%를 산다. 그럼 평균 매수가가 타원과 네모 사이의 가격이 되어 싸게 살 수 있는 것이다. 그 후 주가는 날아간다.

분할 매매가 필요한 이유

이격도는 다른 지표와 마찬가지로 이평선을 이용한 후행성 지표이다. 매수와 매도의 의사결정을 했더라도 예상과 다르게 주가가 하락하면 골든크로스 시점에서 더 내려갈 수 있다. 반대로 데드크로스 시점에서 매도했는데 하락하지 않고 다시 반등을 이어 갈 수 있다.

이에 대한 대처 방법으로 여러 번 나누어 매매하는 분할매매를 해야 안전하다.

참고로 월스트리트 트레이딩의 전설, 제시 리버모어는 5분의 1씩 매수하는 방법을 제시한다. 전체 투자금이 500달러라면 100달러씩 나누어 오른 가격에 사라고 한다.

② 헤드앤 숄더 차트로 고점 아는 법

가야할 때가 언제인가를 / 분명히 알고 가는 이의 / 뒷모습은 얼마나 아름다운가 – 이형기의 〈낙화〉 중에서

가야할 때가 언제인지 알려주는 보조지표가 헤드앤 숄더(Head & Shoulder)이다. 대표적인 하락 추세 전환형 패턴이다. 머리, 어깨 모양이 차트에 나타나 붙여진 명칭이다. 주가의 고점을 확인하는 지표 중에서 확률이 높고 많이 쓰이는 모델이다.

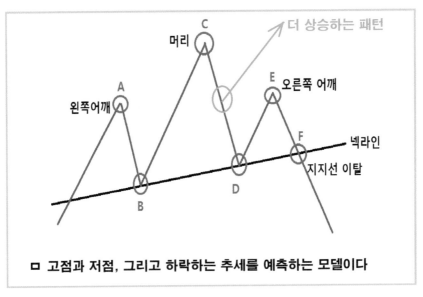

(그림 7-4) 헤드앤 숄더 패턴

위 (그림)을 보면 가운데 머리(C)를 중심으로 양어깨가 있는 형태의, 3개의 고점이 산봉우리처럼 보이고 있다.

왼쪽 어깨에서는 상승을 통해 고점(A)과 저점(B)을 높여간다.

머리는 왼쪽 어깨의 고점보다 더 상승하여 최고점(C)을 만든 후 저점(D)이 왼쪽 어깨의 저점보다 높게 형성된다.

오른쪽 어깨(E)는 머리의 고점(C)만큼 오르지 못하고 왼쪽 어깨의 고점(A)과 비슷하게 형성한 뒤 하락하여 지지선(F)을 이탈하여 넥라인을 뚫고 내려가면서 패턴이 완성된다. 이 모형은 상승추세 이후에 형성되며, 주가가 힘을 잃고 하락하는 추세로 전환될 때 자주 나타난다.

헤드앤 숄더가 나오면 팔아라

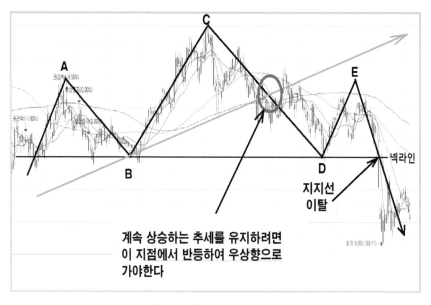

(그림 7-5) 헤드앤 숄더 응용

위 (그림)과 같이 고점 C 지점까지 오면 여기서 더 올라갈지, 하락하더라도 저점을 찍고 더 상승할지를 판단해야 한다.

고점에서 하락하고 왼쪽 어깨 A점도 회복하지 못하고 하락한다면 이제 상승에너지를 잃고 꺾이기 시작한다고 의심을 해 봐야 한다. 그러다 하락하면서 저점 D를 찍고 반등하다가 E까지 올라가면 오른쪽 어깨가 완성되며 더 빠지기 시작하면 상승보다 추가 하락을 고려해야 한다.

보유하고 있다면 넥라인과 지지선을 이탈하면 매도한다.

이때 거래량과 지지선 이탈을 꼭 확인해야 한다.

거래량은 점점 줄고 오른쪽 어깨 이후 하락하며 지지선을 이탈하는 시점부터 본격적으로 추락하는 신호다.

반대로 역헤드앤 숄더 패턴이 있다.

헤드앤 숄더 패턴을 180도 뒤집어놓은 모양으로 머리가 최저점을 형성한다.

헤드앤 숄더가 하락하는 패턴이라면 역헤드앤 숄더는 저점에서 상승하는 신호를 보여 주는 모형이다.

헤드앤 숄더 패턴은 통계적으로 많이 나오는 확률이 있지만 100%는 아니므로 변수에 주의해야 한다.

추세를 벗어나 하락하는 모습을 보이다가 다시 상승하는 때도 많다. 특히 헤드앤 숄더 차트는 모형이 완성되기까지 상당한 시간이 필요하다.

다른 지표와 종목과 시황을 종합적으로 확인하라.

그렇더라도 위험보다는 안전을 더 우선시한다면 확율이 높은 쪽으로 선택하는 것도 나쁘지 않다.

③ 세력의 심리, 차트에서 심리 읽는 법

치트키 49 차트 안에 심리가 녹아있는 이유는 세력도 대부분 차트를 보고 매매하기 때문이니 차트를 믿어라.

차트 심리 읽기 연습 - 투자 사례

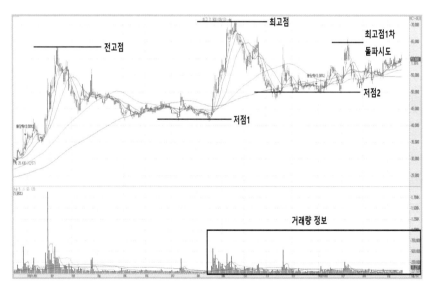

(그림 7-6) 차트 심리 읽기 사례

위 (그림)의 차트 안에는 투자 판단에 필요한 많은 내용이 들어있다.

· 전체적으로 가격이 우상향하고 있음을 알 수 있다. 기업이 성장하고 있다는 뜻이다.

- **거래량을 보면 하루 거래량이 평균 10만 건이 안 된다.**

　일반 투자자들의 관심을 끌고 있지 못한 종목이다. 이 기업을 알고 있는 사람들 위주로 거래되고 있다. 여기에 호재가 생기거나 업황이 좋아져서 실적이 받쳐주면 관심이 없던 투자자들도 매수한다면 더 크게 상승할 수 있다.

　사고 싶은 매수자는 여기서 어떤 마음이 들까.

　저점1에서 저점2로 저점이 높아지고 있으니까 더 올라갈 수 있다고 생각할 것이다. '더 올라가면 살까?', '여기서 떨어지면 어떻게 하지?'

　매수자가 지금 눈치보고 있는 중임을 알 수 있다.

　반대로 종목을 보유하고 있는 사람은 어떤 생각일까.

　가격이 올라가고 있고 저점을 높이고 있으니 굳이 팔려는 생각이 없다. 더 올라갈까에 대한 기대심이 더 크다. 보유심리가 강하고 종목에 대한 확신이 강하다. 이 정도만 가지고도 어느 정도 투자 판단을 할 수 있다.

매수자의 투자 전략은?

　계속 가격을 높이면서 상승하고 있어 더 올라갈 수 있으므로 여기서 매수를 노려볼 수 있다. 다만 최고점 돌파를 시도하다 한 번 실패했기 때문에 여기를 돌파하는 것을 확인하고 매수할 수도 있다. 주의할 점은 현재 위치가 고점이므로 매수를 하더라도 비중을 적게 해야 한다.

매도자의 투자전략은?

　계속 상승하고 있어 굳이 팔 필요 없다. 최고점 돌파를 기다렸다가 그때 매도를 검토할 수 있다.

　일봉, 거래량 차트만 보고 분석했는데 시장과 분봉, 거래량, 이평선, 매물대, 호가창 등의 지표를 더하면 더 많은 정보를 얻을 수 있다. 종목에 대한 경영지표, 거시지표 등이 추가되면 더 확실한 결론을 얻을 수 있다.

삼성전자 차트분석 사례

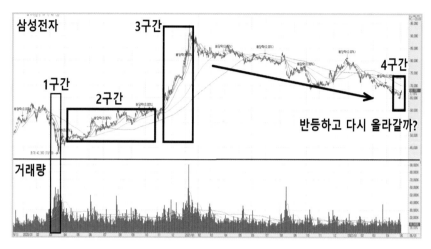

(그림 7-7) 삼성전자 차트분석

위 (그림)과 같이 이 종목은 하루 거래량이 천 만주 이상으로 일반인의 관심이 크며 9만원대의 고점을 찍고 1년 이상 하락세를 면치 못하고 있다. 4구간에서 더 하락할 것인가. 아니면 반등할까.

먼저 1구간을 자세히 보자. 코로나로 폭락할 때인데 거래량을 보면 하락 중에 거래량이 오히려 엄청나게 늘었다. **평소에 관심이 많던 예비 매수자들이 저점매수 기회라고 생각하고 매수한 때문이다.**

이런 종목은 기대심리가 높고 향후 크게 가격상승을 할 것이라고 확신하기 때문에 더 크게 올라갈 수 있다. 하지만, 코로나 이후 시장이 좋았음에도 6개월 이상 시장도 못 따라가면서 6만 원을 뚫지 못하고 지지부진한 모습이다. 왜 그랬을까?

개미들이 많이 들어갔기 때문이다.

개미들은 조금만 올라가도 쉽게 흔들리면서 팔아버려 꾸준하게 반등하기 어렵다. 추가 상승 기대감이 무너지고 지쳐서 견디지 못하고 개미들이 빠져나온 후에 급하게 반등하는 사례가 많다.

역시 3구간에서 개미들의 물량이 정리된 후에 박스권에서 벗어나 시장보다 강하게 반등하는 모습을 보여 주고 있다. 이 종목의 저점은 6만 원이다. 이 가격 이하로는 팔지 않겠다는 지지 가격인 셈이다.

4구간에서 보듯 6만 5천 원에서 반등하고 있지만 시장이 위축되면 더 떨어질 수 있고 6만 원 이하로 떨어져도 바로 회복할 수 있다.

몸집이 무겁고 물려있는 개미가 많다는 점, 지수민감주이고 글로벌 경제, 미국 시장의 변동에 크게 영향을 받는 종목이므로 외국인과 기관이 본격적으로 매수량을 늘리기 전까지는 관망하는 것이 좋다.

이 종목의 대응 전략을 세워보자.

매도자 입장이다. 떨어질 만큼 떨어졌는데 굳이 팔 필요는 없다. 다만, 고점에서 개미들이 많이 물려있으므로 쉽게 반등하기 어려우므로 길게 보고 가져가야 한다.

다음 매수자 입장이다. 두 가지 전략이 가능하다.

1) 저점에서 가깝고 매수가 살아나고 있으므로 매수할 시점이다.

여기서 시장이 폭락하면 우량주라도 견디지 못하고 더 떨어지겠지만 길게 보고 투자하기로 했다면 떨어질 때마다 분할 매수하는 것도 나쁘지 않다.

2) 시장에 따라 저점 5만 원까지 떨어질 수 있으므로 기다렸다 그 이하로 떨어지면 매수한다.

삼성전자같은 대형주는 주가지수와 동일하게 움직이는 특성이 있어 미국 시장, 업황 등을 종합하여 약세장이 예상되면 급하게 들어갈 필요가 없다.

공매도 잔고가 2위란 점도 고려해야 한다. 충분히 떨어졌기 때문에 재매수(숏커버)가 나오면 크게 상승할 수 있다.

제 8장

인문학으로
개미를 해부한다

"

주식은 인간이 만들어낸 발명품이므로 인간을
이해해야 하고 경제 지식을 기초로 하고 그 위에
인문학을 알아야 강자가 된다.

"

불가근 불가원 不可近 不可遠

치트키 50

불가근 불가원 不可近, 不可遠 !!
가까이 가면 타죽고 멀어지면 기회를 놓치니 적당한
거리를 두라.

불가근 불가원.

40년 동안 주식으로 큰 부자가 된, 숨어있는 고수에게 직접 들은 말이다. 그에게 여러 가지 말을 들었지만 이제까지 들어보지 못한 신선하고 가슴에 와 박히는 말이다.

주식투자는 너무 가까이하면 불타고 너무 멀리하면 얼어붙는다.

시장, 종목을 바라보고 투자하는 자세도 냉정과 열정 사이에서 중립을 지켜야 한다.

무엇보다 현재 시장이 강세장인지, 약세장인지를 판단하는 것이 중요하다.

강세장과 약세장의 투자 패턴은 다르다. 그러나 강세장에서 하던 패턴으로 약세장을 대하기 때문에 실패를 한다.

강세장에서는 눌림목에서 사면 거의 올라가기 때문에 쉽다. 하지만 약세장에서도 눌림목에서 사면 올라가는 경우도 있지만 횡보하다가 빠지는 경우도 많다. 이럴 때는 더 기다렸다가 대세 반전 시기에 한 번에 매수해야 한다.

약세장은 2가지 종류에 따라 시장의 하락 폭이 다르다.

경기순환적 약세장은 코스피가 20~30% 하락한다.

금융위기, 코로나 같은 돌발적인 사태로 인한 시스템 붕괴 약세장은 코스피가 40~50% 정도 하락한다.

이때는 성급하게 들어가지 말고 끝까지 기다려야 한다.

주가가 올라올 때 세력들은 대형주를 산다. 특히 수출대형주를 좋아한다. 10년 단위로 대세 미래 업종을 발굴하고 종목은 역사적 최저가와 최고가를 파악하고 년 단위 가격 움직임을 보되, 상대적으로 비싼 구간에서 절대 매수하지 않는다.

만약 고점에서 물렸다면 ? 내가 산 기준이 아니라 하단 시작점을 기준으로 하라. 세상은 당신을 중심으로 돌아가지 않는다.

아직 손실이라도 저점에서 일정 비율(20~30%) 올라 온 것은 팔아야 한다. 주식의 등락은 중기적으로(1~2달) 이 정도의 비율로 움직이기 때문이다.

불가근 불가원을 시간으로 적용해 보면 너무 매일 매일 매매하면 안되고 1년에 한두 번 해서도 안 된다. 1주일에 1~2번 정도 가볍게 점검하고 단기도, 장기도 아닌 중기로 해야 한다.

장기를 10년으로 본다면 중기란 어느 정도 기간인가? 1~2년 정도로 보면 좋다. 최근 시장 차트를 보아도 1년 8개월 동안 올랐다가 1년째 내려가고 있다.

사랑과 주식은 똑같다.

가까운 사람이 아픔을 주고 고통을 준다. 너무 가까워서 자주 싸우는데 싸움을 멈추려면 사과나 화해로는 안 된다. 거리를 두고 잠시 떨어져 있으면 저절로 싸움이 멈춰진다. 그러나 너무 멀어지면 잊혀지고 남이 된다. 1주일에 한 번씩 만나는 주말부부나 연인은 헤어지지 않는다.

② 한국인의 집단 무의식에 투자의 키가 있다

 한국인의 무의식을 알아야 하는 이유로 '지피지기' 단어를 꺼낸다면 뻔한 이야기이다. 여기서는 조금 다른 이유를 말하겠다.

 대부분의 개미들이 가지고 있는 속성을 알고 내가 세력이라고 빙의하여 개미들을 활용하기 위해서이다. 개미들은 영원한 패자라고 전제하고 나는 어리석은 개미에서 벗어나려는 목적이 있다.

1) '나'보다 '우리'가 먼저

> **치트키 51**
> 세력들은 군중심리를 이용하므로 개인이 무분별하게 몰려다니면 죽으니 소수 의견을 들어라.

 한국인의 무의식중 가장 큰 특징이 바로 '나'보다 '우리' 개념이다. 단어 사용법에서부터 몸에 배어있어 '나'라고 해야 할 것도 '우리'라고 표현한다.

 예) 나의 아내 → 우리 아내

 나의 아내를 여러 명이 공유한다는 의미가 되어 서양인들은 어리둥절하게 만든다.

 나보다 우리를 중시하게 된 배경에는 관계를 중요시하는 유교도 있지만 외세로부터 침략을 많이 당해 똘똘 뭉쳐야 살 수 있다는 생존 의식이 더 크다. 특히 나의 의견이 대중과 다르면 본능적으로 큰 두려움을 갖는다. 이렇게 해서 나타나는 현상은 몰려다니는 '패거리 문화', 3연(지연, 학연, 혈연), 왕따 등이다.

군중심리는 습관적으로 남들을 따라 하는 것을 말한다. 나의 의견보다는 다른 사람의 의견을 중시하고 따라 해야 하는 것이 몸에 배어있는 까닭에 주식도 그런 성향을 벗어나지 않는다.

예를 들어, 확인되지 않은 단발 이슈에 따라 이리저리 떼를 지어 몰려다니면서 투자하는 성향이 그것이다.

주가가 급격히 오르고 남들이 사면 마음이 급해져 혼자 소외될 것 같은 두려움 때문에 묻지도 따지지도 않고 그냥 산다. 하지만 거기가 꼭지다.

이런 것을 간파한 세력들은 놓치지 않고 개인들의 군중심리를 이용한다. 주가를 올려놓고 더 올라갈 것이라고 여러 가지 방법으로 부추기며 매수를 유도한다. 군중들은 거품이 낀 주식을 매수하여 물리고 오랜 시간을 고통스럽게 지낸다.

무리짓는 속성이 유리할 때도 있다.

> **치트키 52**　**무리짓는 속성을 역이용하여 주도주에 올라타고 중기간(1년~2년) 보유하라.**

테마주나 주도주가 부상할 때 남들은 다 들어가 수익을 누리는데 혼자 소외된다면 낭패다. 주도주는 중장기 동안 상승하므로 이때는 남들 따라 주도주에 올라타는 것이 유용하다.

군중심리를 역이용하는 방법

실적도 좋고 업황도 좋은데 한동안 소외되었던 주식이 갑자기 특별한 이유 없이 올라가는 경우가 있다. 뭔가 있다는 신호다. **이때 재빨리 들어간다.**

개인은 그 이유를 알 수 없지만 분명 이런 주식은 이미 고급 정보를 알고 있는 세력들이 붙었기에 반등하는 것이다.

서서히 주목을 끄는 순간 방송매체에서 대대적으로 추천주로 소개되며 거래량이 급증하면서 올라간다. 이미 많이 올랐는데 더 간다고 추천하면 그 전문가는 걸러라. 이 때 어수룩한 개미들이 군중심리에 달려든다.

이때가 정점이며 매도하고 나오면 된다.

이슈 초기에 남들이 쳐다보지 않을 때 매수하고 대다수가 관심 가질 때 팔면 큰 이익을 볼 수 있다. 동서양을 막론하고 주식 부자들이 돈을 버는 전형적인 방식이다.

2) 강자에게 약하고 약자에게 강하다.

한국인의 무의식 중 강자에게 약하고 약자에게 강한 이유는 주변 강대국의 침략에 생존을 위해 조아리고 그 보상심리로 약자에게 군림하기 때문이다.

국내 시장에서도 같은 원리가 적용된다. 공포심을 조장하고 강하게 압박하면 겁을 먹고 손절하고 느슨하게 풀어주면 방만하게 매수한다. 이것을 좋게 말하면 한국 사람은 참 착하다는 것이다. 그러나 그 속뜻은 절대자에게 복종하고 질서를 잘 지키고 말을 잘 듣는다.

기관이나 외국인은 개미가 많이 들어가 있는 종목은 추매하지 않고 공매도로 하락을 유도한 뒤 강자의 무기를 휘두른다.

경제위기, 금리 상승, 물가 불안, 업황 위기, 종목에 대한 악재 부각 등 모든 수단을 동원하여 개미들에게 공포심리를 조장한다.

개미들이 두려움에 사로잡혀 투매하고 신용 만기로 반대매매나 청산을 당할 때까지 절대 매수하지 않는다. 이때 물량을 받아 주가의 흥행을 유발한다. 추가 매수로 주가가 상승하면 매물도 없어 거침없이 고공행진을 보여준다. 고점까지 올라가는 모습을 보고 개미는 땅을 치고 후회하다 다시 고점에서 매수하고 물리는 악순환을 반복한다.

시장참가자 모두가 두려워 떨 때 강자가 매수하는 종목을 같이 동참해야 이길 수 있다.

치트키 53 — **시장참가자 모두가 두려워 떨 때 강자가 매수하는 종목을 따라서 사라.**

강자들이 매수하는 종목은 어떻게 아는가?
〈거래량〉이나 〈주체별 투자자 동향〉으로 기관이나 외국인이 매수하는 종목을 주시한다.
세력들이 이미 많이 들어가 있는데 주가가 바닥이라면 곧 오를 것이다.
세력이 많이 들어가 있는데 주가가 이미 많이 올라있다면 언제 떨어질지 주시하면 세력이 팔때 같이 팔아라.
강자들은 속으로 매집하면서도 겉으로 부정적 정보를 흘리고 매도를 유도하는데 여기에 속으면 안 된다.
또 약자인 개미가 많이 들어간 종목은 하지 않는 것이 좋다. 올라갈 때 매물이 수시로 쏟아지고 내려갈 때 공포로 투매가 자주 나오기 때문에 쉽게 올라가지 못한다.

약자의 승리법은 게릴라 전법

 약자가 강자와 대결할 때는 정면승부를 피해야 한다.

 치고 빠지는 게릴라 전술이 좋다. 바로 베트남이 세계에서 유일하게 미국에게 이겼던 전술이다. 북베트남군은 낮에는 밀림 속에서 땅굴을 파고 하루 종일 숨어있다가 밤에만 나와 기습 공격을 했다.

 강자가 지나가는 자리에 숨어있다가 주가가 올라갈 때 기습적으로 올라타 수익을 내고 고점에서 물리기 전에 큰 욕심 없이 빠지는 것이 좋다.

(그림 7-8) SK하이닉스 일봉 차트

 위 (그림) SK하이닉스를 평상시에 관심 종목에 넣어놓고(매복) 예리하게 관찰한다. 왼쪽 노란 타원 부근 120,000원에서 100,000원까지 25% 하락했다. 이때가 매수 포인트이다. 왼쪽 노란 타원에서 기습적으로 매수한다.

 이렇게 좋은 주식은 갑자기 대폭 하락할 때가 매수 포인트이다. 펀더멘탈이 15일 만에 나빠질 리가 없다. 의도적으로 세력들이 자금을 뺀 것이다.

매수 참고 사항으로 하단에 주체별 보유수량을 본다. 외국인(빨간색)은 수량을 줄였지만 기관(갈색)은 빠져나가지 않았다.

계속 치고 올라가지 못하고 한 달 동안 절반밖에 올라가지 못했다. 정상적인 상황이라면 전고점까지는 올라가야 한다. 그런데 올라가지 못하는 이유는 기관들이 수량을 줄인 것이다. 하단의 주제별 보유 수량인 기관(갈색선)이 내려오는 것을 보면 알 수 있다.

이렇게 정상적으로 올라가지 못하면 곧 떨어질 것을 예상하여 일부를 팔고 빠져나온다.(게릴라 작전)

그러자 다시 15%가 떨어진다. 노란 둥근 지점에서 다시 매수한다. 올라갈 거라는 자신감으로 매수한 근거는 외국인(빨간색)의 물량이 줄어들지 않고 오히려 계속 사고 있다.

이후 빠르게 상승하더니 한 달 만에 전고점을 회복하고 그 이후로도 계속 상승한다.

3) 빨리빨리 문화의 허와 실

치트키 54 무조건 '빨리빨리'만 하지 말고 '빨리'와 '천천히' 조화를 이루도록 하라.

한국인의 집단 무의식중 '빨리빨리' 재촉하는 문화는 70~80년대 빨리 무엇인가 이루어야 하는 고도 산업화 시대의 산물이다.

내실보다는 결과를 위주로 하다 보니 결국 성수대교가 무너지고 상품백화점도 무너지고 HDC현대산업개발의 공사 중인 아파트가 무너졌다.

단타가 수익률이 좋을까, 중장기 투자가 수익률이 좋을까?

이것에 대해 NH투자증권에서 수익률과 회전률의 상관관계를 분석했다. 20~40대 남녀별로 분석했는데 가장 낮은 수익률은 20대 남자의 3.81% 이고 가장 높은 수익률은 30대 여성으로 25.98%이다.

왜 이런 현상이 벌어졌을까?

바로 회전률 차이 때문이다.

회전률이란?

얼마나 자주 매매하는지 보여 주는 숫자이다. 단타와 중장기 투자를 알려 주는 척도이다.

20대 남성의 회전률은 68.33배(6,833%)이고 30대 여성의 회전률은 28.42(2,842%)배였다. 20대 남성이 30대 여성보다 2배 많이 매매를 했다. 20대 남성은 단타 위주로 했다는 것이고 30대 여성은 한 번 매수하면 비교적 긴 시간을 보유했다는 것이다.

높은 회전률이 수익이 낮은 이유는 타이밍을 잘못 잡아서 손절을 했을 가능성이 높고 거래비용으로 나가는 돈이 늘어나서 수익률이 낮게 나온 것이다. 한국인은 주식회전율이 세계에서 상위권에 속한다.

주식은 빨리 대박을 내야 한다는 것은 누가 심은 고정관념일까? 기관과 외국인은 냉정한 투자원칙을 고수한다. 이들과 급한 초보자가 싸우면 승패는 불을 보듯 뻔하다.

급한 사람들은 세력들의 밥이다. 주식의 꼭대기로 개미들을 유인하여 고수익 주식을 이들에게 떠넘긴다. 화려한 파티가 끝날까 두려워 급하게 들어간 개인들은 고스란히 그들에게 돈을 바치며 죽는다.

매매할 때도 빨리빨리 하다 보면 실수를 남발하게 된다. 너무 급하게 하여 매도를 눌러야 하는데 매수를 누른다든지, 수량을 쓰는 란에 금액을 쓴다든지. 한 번쯤 이런 경험이 있을 것이다.

그러나 빨리빨리 문화가 항상 나쁜 것은 아니다. 빨리빨리 문화 때문에 우리나라는 빠른 인터넷이 실현되었고 빠르게 경제성장을 이루었다.

주식에서 '빨리빨리'가 필요할 때는 아래와 같다.

• 주도주를 빨리 발견하여 소외되지 않는다.
• 남보다 빠른 정보를 얻기위해 노력한다.
• 대세 하락 초입에 빠른 매도를 한다.

가장 좋은 것은 빨리와 천천히를 조화해야 한다.

댄스스포츠 종목 왈츠에서 하는 '슬로우 슬로우 퀵퀵'이 필요하다. '천천히'와 '빠르게'를 잘 조화하여 리듬을 타는 것이 좋다.
매수는 천천히 하고 매도는 빠르게 한다.
매수는 기업을 철저히 분석해야 하니 시간이 걸린다. 그렇더라도 완벽하게 분석한 후에 매수한다. 매도는 빠르게 해야 하는데 세력들이 매도할 타임을 많이 주지 않기에 빠르게 매도해야 한다. 1~3일 사이에 매도를 결정하고 실행하는 것이 좋다.

4) 금방 달아오르고 금방 식는 '냄비근성'

치트키 55 10배가 오른 주식은 쳐다보지 말라. 화려하게 장식하며 마지막 불꽃을 내뿜고 재만 남은 주식이기에 10년이 가도 올라오기 힘들다.

감정조절이 안 돼 끓었다 식었다 반복하는 조울증과 같은 냄비근성은 왜 한국인에게 많이 나타날까?

바로 불안감 때문이다. 남과 북의 대치 상황에서 언제 전쟁이 터질지 모르는 불안감을 태어날 때부터 안고 살아간다. 급변하는 국제정세에 어떻게 될지 모르는 불안감 때문에 주변 상황에 휩쓸려 감정조절이 어려워진 것이다.

젊은이들은 옆 친구가 코인으로 주식으로 대박나면 영끌(영혼까지 끌어모아)로 꼭지를 잡는다. 빨리 돈 벌어야 한다는 불안감으로 주식을 하다 보면 쫓기는 마음이 생겨 실수하고 판단이 흐려진다.

뜨겁게 사랑했다가 차갑게 식어버리는 냄비근성은 여러 분야에서 나타난다. TV 프로그램, 소상공인 창업(노래방, PC방, 치킨집) 등을 보면 유행이 빠르게 왔다가 사라진다.

주식도 마찬가지다. 역사상 최고점을 찍은 주식은 다시 그 위치가 돌아오지 않는다. 한 번 오르는 주식은 끝장을 보자는 심정으로 강하게 밀려 올라가지만 언제 그랬냐는 듯 철저하게 내팽개쳐지는 신세가 된다.

빠르게 올라간 주식은 빠르게 하락한다. 점상한가(차트에 점을 찍듯이 시초에 상한가에서 내려오지 않는 것)를 3일 연속 나타나는 뜨거운 종목을 보고 흥분하여 달려든다. 그러나 거기가 고점이고 빠져나오지 못해 낭패를 본다.

5) 허세가 심하다.

> **치트키 56**　　신약개발 제약, 바이오는 허세 종목이 많으니 조심하라.

　약한 동물들은 허세를 부려 적을 물리치거나 짝을 유혹한다. 개구리는 턱 밑을 부풀려 허세를 부리고 공작새는 날개를 펼쳐 짝을 유혹한다. 하나의 생존 전략이다. 한국인도 허세가 많은 이유는 역사적으로, 지리적으로 약자였고 지금도 약자이기 때문이다.

　반지하 월세에 살면서 외제 차를 타고 다니고 전세계에서 명품 매출이 한국에서 가장 많다는 것은 이를 증명한다.

　주식에서도 허세를 부리는 종목이 있다. 바이오에서 특히 많이 나타나는데 신약 개발 이슈가 그것이다.

　임상 3상이 통과되면 시판이 가능해 큰 수익이 생긴다. 하지만 2상까지 수년 혹은 중간에 하차하는 경우가 허다하다. 그 과정에서 허위 공시나 소문을 퍼뜨려 주가를 올려놓고 나중에 신약 개발이 실패하면 그 책임은 아무도 지지 않으니 조심해야 한다.

　주식 전문가가 고급차를 보여 주며 허세를 부리면 거기에 넘어가지 말아야 한다. 남이 허세 부릴 때 실속있게 벌어 좋은 일 하면서 조용히 사는 것도 행복일 수 있다.

　매매자가 허세를 부릴 수 있는 것은 미수나 신용거래이다. 내가 가진 돈은 없어도 남의 돈으로 빌려서 하면 마치 내 돈인 것처럼 생각되어 심리적 안정을 얻는 사람들이 많다. 세력들이 개미를 유혹하기 좋게 구조를 만들었으니 조심해야 한다.

6) 한(恨)이 많은 민족

한국은 역사적으로 쉴 사이 없이 유린을 당했다. 사회적으로 가습기 살균제, 세월호, 공무원 월북, 이태원 참사 사건 등 당하고 피해 보는 사람들이 구제받기 힘든 사회이다. 억울한 사연과 사람들이 많다 보니 스트레스와 분노에 차 있어 주식에서도 분노를 표출하며 매매한다.

주식을 할 때도 한풀이를 하듯이 하는 경우가 많다. 갑자기 한(恨)풀이 하듯 피뢰침처럼 올라갔다가 대칭으로 처음 자리까지 빠지는 차트가 바로 한(恨)이 맺힌 주식이다.

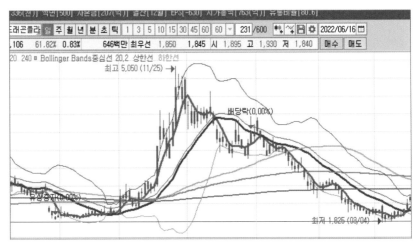

(그림 7-9) 피뢰침 차트

위 차트를 보면 한 달 만에 5배가 올랐다. 꼭대기에서 피뢰침을 만들고 번개맞은 듯하다가 3달 만에 다시 원위치로 돌아왔다. 놀이공원에서 바이킹을 타면 높이 올라 정신없어 어지럽다가 어느새 정신 차리고 보면 제자리인 것과 마찬가지다.

끝없이 올라갈 것 같은 환상을 먹고 자기도 모르게 고점에서 매수한다. 이런 주식에 눈길을 주거나 부러워하면 안 된다.